선가귀감

八十年前渠是我　팔십 년 전 그대가 나이더니
八十年後我是渠　팔십 년 뒤 내가 그대로구나.

선가귀감

禪家龜鑑 선禪 수행의 길잡이

서산대사 — 지음

원순 — 역해

도서출판 법공양

머리글

이 책의 저자는 서산 휴정(1520-1604) 스님입니다. 스님이 묘향산에 계실 때 50여권의 경전과 논서, 어록 등을 보시면서 공부하는 데 요긴하고 간절한 말들이 있으면 뽑아 두었다가, 후학들을 위하여 주해나 게송을 달아 그 내용을 풀이한 다음, 1564년 직접 서문을 쓰고 만든 책이 「선가귀감」입니다. 이것을 금화 도인이 한글로 번역하여 153장으로 된 「선가귀감 언해본」을 1569년에 펴냈고, 서산 스님의 제자 사명 유정(1544-1610)이 발문을 쓰고 81장으로 정리된 한문본을 1579년 봄에 펴내게 되었습니다.

「선가귀감」은 간화선을 참구하는 사람들이 어떻게 공부해야 할지 그 길을 일러 놓은 책입니다. '선가禪家'는 '참선하는 집안'이란 뜻이니 '참선을 수행의 방편으로 삼는 사람들'이고, '귀龜'는 미래의 일을 점을 쳐서 알아내려고 할 때 쓰는 거북이 등껍질이니 뒷날 내 모습을 「선가귀감」을 통하여 미리 알아본다는 것이며, '감鑑'은 '거울'이니 평소에 공부하는 자신의 모습을 「선가귀감」에 비추어 보고 올바르게 잘 살라는 것입니다.

「선가귀감」을 보면 첫 장에서 '일물一物'을 번역한 '그 무엇'이란 말이 나옵니다.

> 여기에 '그 무엇'이 있는데
> 본디 밝고 밝아 신령스러워서
> 일찍이 생겨난 적도 없고 없어진 적도 없었으니
> 이름 붙일 수도 없고 모양을 그릴 수도 없다.

여기서 말하고 있는 '그 무엇'이란 내용만 알게 되면 「선가귀감」의 공부는 끝이 나는 것입니다. 아니 불교의 모든 공부가 다 끝나 버린다고 해도 지나친 말이 아닙니다.

그렇다면 '그 무엇'이란 어떤 것입니까? 책에서는 이어 설명하기를 '그 무엇'은 이름 붙일 수도 없고 모양을 그릴 수도 없다고 합니다. 이름 붙일 수도 없고 모양 그릴 수도 없는 '그 무엇'을 바로 알고 깨치고자 하는 것이 '선禪'입니다. 먼 길로 둘러가지 않고 단숨에 화두로 이것을 깨치고자 하는 것이 '간화선'입니다. 하지만 어리석은 중생들은 이 도리를 바로 알지 못합니다.

따라서 이들에게 '그 무엇'을 이해시키려고 부처님의 팔만 사천법문이 있게 됩니다. 이런 가르침이 없었다면 중생들은 '그 무엇'에 대하여 알기가 어려웠을 것입니다. 시간이 걸리지만 차근차근 '그 무엇'에 대해 알아나가도록 가르치는 것이 '교敎'입니다. 이 선과 교를 아울러서 성불의 길로 나아가게 하는 가르침이 곧 「선가귀감」입니다.

올바른 스승을 찾기 어려운 요즈음 세상에서는 「선가귀감」이 바로 선지식이 됩니다. 「선가귀감」에서는 먼저 믿음을 일으킬 수 있도록 선과 교에 대한 가르침을 내리시어 부처님 법을 기꺼이 믿고 받아들이게 합니다. 깨달음을 얻기 위한 수행과정도 중요시 여겨 화두 수행법뿐만 아니라 계정혜 삼학은 물론 주력과 예배, 염불의 진정한 의미를 말씀하시니 이 책은 출가 수행자뿐만 아니라 일상에서 마음 챙기며 살아가는 재가 수행자에게도 올바른 참선 수행의 지침서가 될 만합니다. 또한 서산 스님께서는 화두 수행법뿐만 아니라 출가인이라면 반드시 지녀야 할 수행자의 마음자세에 대해서도 간곡히 이르고 있습니다. 수행자가 시주 은혜를 저버리고 세상의 명리를 구하는 일은 부처님을 팔아먹는 도적이라고 경계하면서 부처님 제자로서의 본분을 지켜나갈 것도 당부하고 있습니다.

이 책의 번역은 현대불교신문에 2006년 1월부터 2007년 8월까지 '선수행의 길잡이'란 제목으로 「선가귀감」 강설을 연재하면서 이루어진 것입니다. 번역본의 밑본은 한문본으로 하였고 역자의 주는 연재를 마친 「선 수행의 길잡이」에서 많이 인용하였습니다. 혹 「선가귀감」에 대하여 자세한 설명이 필요하신 분은 이 연재물을 참고하셔도 좋을 것입니다. 내용 구성은 서산 스님이 해 놓으신 대로 본문, 주해, 게송, 평석으로 되어 있습니다.

이 책을 번역할 때 시중에 번역되어 나와 있는 많은 책들의 도움을 받았습니다. 특히 용담, 법정, 법인, 일장 스님의 번역본을 많이 참고 하였고, 그 외 선학간행회, 보성문화사, 예문서원 번역본에서도 많은 도움을 받았습니다. 만일 이 책에서 잘못 풀이된 부분이 있다면 전적으로 본인 잘못이니 눈 밝은 선지식의 질책을 기꺼이 받아들일 것입니다.

살아 있는 도가 죽은 문자로 변질될까 두렵다 하시면서도 어리석게 도를 닦는 것은 무명만 키우는 일이기에 후학을 위하는 간절한 마음으로 이 「선가귀감」 엮으셨을 서산대사의 말씀으로 이 글을 마무리합니다.

"이 책을 엄한 스승으로 삼아
끝까지 공부해서 오묘한 도리를 얻는다면
이 글 한마디 한마디에
살아계신 석가모니 부처님이 계실 것이니,
부지런히 공부에 힘쓰시고 또 힘쓰셔야 합니다."

2007년 9월 3일
송광사 인월암에서 인월행자 두손모음

차례

머리글 _ 6
서문 _ 16

1장. 그 무엇 _ 23
2장. 잔잔한 바다에 거친 풍파 일으킨 것 _ 27
3장. 법에는 불변과 수연의 뜻이 있으니 _ 29
4장. 이름이나 형상에 얽매이지 말라 _ 33
5장. 부처님 마음을 전한 것이 선禪 _ 35
6장. 선禪의 근본 뜻과 교教의 자취 _ 43
7장. 헛된 생각과 인연들을 끊어야 _ 47
8장. 한마음과 참성품을 보는 법 _ 49
9장. 부처님과 조사의 말씀 _ 53
10장. 활등과 활줄처럼 말씀하시니 _ 55
11장. 먼저 참다운 가르침으로 사실을 알고 _ 57
12장. '살아 있는 말'을 참구할 것 _ 61
13장. 간절한 마음으로 공부하기를 _ 65
14장. 참선에는 세 가지 요건을 갖추어야 _ 69
15장. 개에게도 불성이 있습니까 _ 71
16장. 화두 참구에 열 가지 병이 있으니 _ 75

17장. 조사의 관문을 뚫어야 _79
18장. 느슨하거나 팽팽하지 않게 _81
19장. 마음이 흔들리지 않는다면 _83
20장. 마군 경계는 꿈같은 일 _87
21장. 화두 공부가 무르익었다면 _89
22장. 참선하는 사람들이 점검할 일 _91
23장. 말과 행동이 어긋나면 _101
24장. 한 생각이 툭! 터져야 _103
25장. 눈 밝은 스승을 찾아가야 _105
26장. 안목이 바른 것이 귀할 뿐 _107
27장. 굽히지도 말고 높이지도 말라 _111
28장. 오직 무명만 키울 뿐 _115
29장. 성인의 깨달음이란 없다 _117
30장. 성품을 오염시키지 말라 _119
31장. 이승과 열반 _121
32장. 텅 빈 마음 그 자체가 환해져야 _123
33장. 마음이 고요해지니 _125

34장. 환幻인 줄 알면 _127

35장. 생사와 열반을 보는 것 _129

36장. 열반 얻을 중생은 없다 _131

37장. 이치로는 단번에 깨닫더라도 _133

38장. 계율 없는 참선은 마도일 뿐 _135

39장. 덕이 없는 사람들은 _139

40장. 계율 존중하기를 부처님 모시듯 _141

41장. 삶과 죽음의 문제 _143

42장. 맑은 지혜는 선정에서 _145

43장. 선정에 있으면 _147

44장. 불생·무념·해탈 _149

45장. 참된 열반이란 _151

46장. 내 몸처럼 알고 베푸는 마음 _153

47장. 성내는 마음 _155

48장. 참는 마음이 없다면 _157

49장. 으뜸가는 정진 _159

50장. 주력의 힘을 빌려야 _161

51장. 예배란 공경과 굴복 _163

52장. 염불이란 _165

53장. 부처님 가르침을 듣게 됨에 _175

54장. 마음공부가 익지 않는다면 _177

55장. 뒷간의 화려한 단청 _179

56장. 출가인이 외전을 공부하는 것은 _181

57장. 스님 되는 일 _183

58장. 덧없는 세월의 불꽃 _185

59장. 업의 불길에 _187

60장. 명예와 이익을 좇는 수행자 _191

61장. 부처님을 파는 도적들 _193

62장. 죽어서 목이버섯이 되어 _195

63장. 시물을 받아쓰는 과보 _197

64장. 신도의 시물을 받느니 차라리 _199

65장. 독약이나 독화살처럼 _201

66장. 한 덩어리 숫돌과 같아 _203

67장. 사람 몸을 잃는 것 _205

68장. 이 몸은 애욕의 근본이니 _207
69장. 죄 있으면 참회하라 _217
70장. 표주박 한 개와 누더기 한 벌 _219
71장. 마음과 경계를 잊어야 _221
72장. 성문과 보살 _223
73장. 그 누구라도 임종할 때 _225
74장. 임종할 때 무심해야 _227
75장. 깜깜한 경계에 집착하니 _231
76장. 종사의 병통 _233
77장. 온전하게 화두를 챙기는 것 _235
78장. 마조 스님 '할'에 _237
79장. 임제 '할'과 덕산 '방' _269
80장. 부처나 조사도 원수처럼 _271
81장. 알음알이 두지 말라 _275

발문 _281
서산 대사 일대기 _287
찾아보기 _293

서문

예전에 불교를 배우던 사람들은
부처님의 가르침이 아니면 말하지를 않았고
부처님의 행실이 아니면 행하지를 않았습니다.

그러므로 보배로 여긴 것은
오직 대장경에 있는 부처님의 가르침뿐이었습니다.

그런데 오늘날 불교를 공부하는 사람들이
전하여 가면서 외우는 것은 세속 선비들의 글이요
청하여 지니는 것은 벼슬아치 시뿐입니다.

그것들을 고급 종이에다 아름다운 비단으로 책을 꾸미면서
아무리 많아도 족한 줄 모르고 가장 큰 보배로 여기고 있습니다.

아! 오늘날 불교를 공부하는 사람들이 보배로 삼는 대상이
예전 사람들과 어찌 이다지도 다를 수 있단 말입니까?

제가 부족하지만
예전 사람의 배움에 그 뜻을 두고
대장경 속에 있는 부처님의 글로 보배를 삼았습니다.

그러나 그 글들은 너무나 많아
대장경 속에 있는 글들이 마치 바다처럼 깊고 넓기만 했습니다.

이것을 보고 뒷날 저처럼 공부할 사람들이
본분을 벗어난 곁가지 일에 힘을 쏟을까 걱정이 되었으므로
대장경 글들 가운데 요점만 추려 수백 마디로 책을 만드니
문장은 간결하나 오묘한 뜻을 두루 다 갖추었다고 할 만합니다.

이 글로 엄한 스승을 삼아
끝까지 공부해서 오묘한 도리를 얻는다면
이 글 한마디 한마디에
살아계신 석가모니 부처님이 계실 것이니
부지런히 공부에 힘쓰고 또 힘쓰셔야 합니다.

그렇더라도 문자를 떠나 고정관념을 깨트리는
격외도리의 기이한 보배를 쓰지 않은 것은 아니니
다만 뛰어난 근기를 기다리고 있을 뿐입니다.

　　　　　　　　　　　　　　가정갑자 1564년 여름
　　　　　　　　　　　　　청허당 백화도인이 첫 글을 쓰다.

序

古之學佛者 非佛之言이면 不言하고 非佛之行이면 不行也라. 故로 所寶者 惟貝葉靈文而已라. 今之學佛者 傳而誦則 士大夫之句요 乞而持則 士大夫之詩라. 至於紅綠色其紙 美錦粧其軸하여 多多不足 以爲至寶니라. 吁 何古今學佛者之不同寶也리오. 余雖不肖나 有志於古之學하고 以貝葉靈文爲寶也라. 然이나 其文尙繁하여 藏海汪洋이라. 後之同志者 頗不免 摘葉之勞故로 文中撮其要且切者 數百語하여 書于一紙하니 可謂文簡而義周也라. 如以此語로 以爲嚴師하여 而硏窮得妙則 句句에 活釋迦存焉하리니 勉乎哉라. 雖然이나 離文字一句 格外奇寶 非不用也니 且將以待別機也이니라.

嘉靖 甲子夏 淸虛堂 白華道人 序

선가귀감

1

有一物於此인데 從本以來 昭昭靈靈하여

不曾生 不曾滅이니 名不得 狀不得이니라.

註解

一物[1]者는 何物고. ○ 古人이 頌云

古佛未生前 凝然一圓相이라

釋迦猶未會어니 迦葉豈能傳이리오.

---

1. **일물一物** 원문에 나오는 '일물一物'은 직역하면 보통 '한 물건'이라고 번역하기에 어떤 실물을 연상하기 쉽다. 그래서 여기서는 '그 무엇'이라고 번역하였다. 이 표현은 『금강경오가해』 서문에 나오는 '일물'과는 그 뜻이 같지만 육조 스님 게송에서 '한 물건'이라고 번역되는 '일물'과는 그 의미가 매우 다르기 때문이다. 육조 스님의 게송을 살펴보자.
   菩提本無樹　깨달음은 잡히는 존재 아니고
   明鏡亦非臺　밝은 마음 이름뿐 실물 아니네
   本來無一物　본래가 한 물건도 있지 않거늘
   何處惹塵埃　일어날 번뇌가 어디 있을까.
   『선가귀감』에서 말하는 '그 무엇'은 '본디 밝고 밝아서 신령스러운 것'이다. 이는 육조 스님의 게송에서 말하는 '깨달음'의 뜻인 '보리菩提'와 '밝은 마음'의 뜻인 '명경明鏡'에 해당된다. '그 무엇'은 이름 붙일 수도 없고 모양을 그릴 수도 없는 것인데, 어리석은 중생들을 위하여 육조 스님이 억지로 이것을 깨달음이나 밝은 마음이라고 표현했다. '그 무엇'에 해당하는 깨달음은 잡히는 어떤 존재도 아니고, '그 무엇'에 해당되는 밝은 마음은 이름뿐이지 어떤 실물도 아니기 때문이다. 그러므로 세 번째 구절에서 어떤 실물을 연상시킬 수 있는 일물一物로서 '한 물건도 없다'라는 표현이 나오게 된 것이다. 『선가귀감』의 '일물'은 부처님의 영역인 '그 무엇'을 말하고 육조 스님의 '일물'은 중생의 영역에 있는 '어떤 실물'을 말하니, 낱말은 같지만 그 뜻의 차이는 하늘과 땅만큼이나 크다. 부처님의 영역에서 중생인 내가 어떻게 존재할 수 있을 것이며, 내가 존재하지 않는 곳에서 중생의 번뇌가 어떻게 있어날 수 있단 말인가? 그러기에 육조 스님은 "일어날 번뇌가 어디 있을까?"라고 하며 게송을 매듭짓는 것이다.

1장. 그 무엇

여기에 '그 무엇'이 있는데
본디 밝고 밝아 신령스러워서
일찍이 생겨난 적도 없고 없어진 적도 없었으니
이름 붙일 수도 없고 모양을 그릴 수도 없다.

주해
'그 무엇'이란 무엇을 말하는가?
서산 스님은 허공에 둥근 동그라미를 그리고
옛 어른의 게송으로 말한다.

이 세상에 옛 부처님 태어나기 전
빈 허공에 서린 기운 한 가지 모습
석가모니 부처님도 알지 못하니
가섭인들 이 도리를 어찌 전하랴?

此一物之所以不曾生不曾滅일새

名不得 狀不得也라.

六祖[1] 告衆云하되

吾有一物인데 無名無字라 諸人은 還識否아.

神會禪師 卽出曰

諸佛之本源이요 神會之佛性이어다.

此所以師爲六祖之孼子也라.

懷讓禪師 自嵩山來하니 六祖問曰

什麼物이 伊麼來오.

師罔措라가 至八年에서야 方自肯曰

說似一物이라도 卽不中이어다.

此所以爲六祖之嫡子也라.

頌

三敎聖人[2] 從此句出이니

誰是擧者오.

惜取眉毛하라.

---

1. **육조**六祖 「육조단경」의 저자 혜능 스님을 말한다.
2. **삼교성인**三敎聖人 삼교는 불교·도교·유교이니 삼교성인은 부처·노자·공자이다.

이 뜻은 '그 무엇'이 일찍이 생겨난 적도 없고 없어진 적도 없었기에 이름 붙일 수도 없고 모양을 그릴 수도 없다는 것이다.

육조(638-713) 스님이 대중들에게 물었다.
"나에게 '그 무엇'이 있는데 이름도 없고 모양도 없으니 그대들이 알 수 있겠느냐?"
신회(670-762)가 곧바로 대답하였다.
"모든 부처님의 본원本源이요 신회의 불성佛性입니다."
이렇게 답했던 신회는 육조 스님의 법을 이어받지 못했는데 이는 중생의 알음알이로 대답하였기 때문이다.

남악 회양(677-744)이 숭산에서 오니 육조 스님이 물었다.
"어떤 물건이 이렇게 왔느냐?"
회양이 쩔쩔매다 8년이 지나고서야 답변을 하였다.
"설사 '그 무엇'이라 해도 맞지 않습니다."
이는 근본을 철저히 깨닫고 한 답이었으므로 회양 스님은 육조 스님의 법을 이어 받았다.

게송
부처님 노자 공자도 '그 무엇'에서 나왔으니
누가 감히 이 자리를 거론할 수 있겠느냐?
함부로 입을 놀리다간 눈썹이 빠지리라.

2

佛祖出世

無風起浪.

註解

佛祖者 世尊迦葉[1]也라. 出世者 大悲爲體 度衆生也라. 然이나 以一物 觀之則 人人面目 本來圓成인데 豈仮他人 添脂着粉也이리오. 此 出世之所以起波浪也라. 虛空藏經云하되 文字是魔業이요 名相是魔業이며 至於佛語 亦是魔業이라도 是此意也라. 此는 直擧本分[2]이니 佛祖도 無功能이로다.

頌

乾坤失色

日月無光.

---

1. **가섭迦葉** 가섭은 부처님의 심법을 처음 이어받은 제자이니 선종의 초조가 된다.
2. **본분本分** 경전이나 어록에서 부처님 세상을 이야기하고 마음을 드러내며 '그 무엇'을 이야기할 때, 부처님이나 조사 스님의 근본자리에서 거론하는 이야기인지, 아니면 중생들의 처지에 맞추어서 하는 이야기인지를 잘 구분해야 한다. 부처님이나 조사 스님의 근본자리란 1장에서 거론된 이름 붙일 수도 없고 모양을 그릴 수도 없는 '그 무엇'에 해당된다. 이것이 본분이다. 중생의 영역이란 어느 것이 옳고 그른지를 시비 분별 속에서 늘 가려내는 일들을 말하니 육조 스님 게송의 '일물一物'이 여기에 해당된다. 부처님 세상에서 말하는 '그 무엇'은 문자로 설명할 수 없는 불립문자不立文字의 영역이요 어떤 개념을 가지고도 가르칠 수 없는 교외별전敎外別傳의 영역이다. 그런 '그 무엇'의 자리에서 보면, 다시 말해서 부처님의 근본자리에서 보면 이 세상은 조금도 부족함이 없이 조화롭고 평화롭고 완전하다는 것이다. '우리는 늘 중생이다'라는 표현을 하며 살고 있지만 근본을 알고 보면 우리도 본디 모두 부처님이라는 것이다.

2장. 잔잔한 바다에 거친 풍파 일으킨 것

부처와 조사 스님 이 세상에 나오신 건
잔잔한 바다에 거친 풍파 일으킨 것.

주해

부처는 석가모니 부처님이고 조사 스님은 가섭 존자이다. 이 분들이 이 세상에 나오셨다는 것은, 대자대비를 바탕에 두고 모든 중생을 제도하겠다는 뜻이다. 그러나 '그 무엇'의 자리에서 본다면, 사람마다 '본디 얼굴'이 오롯해 있는데, 어찌 다른 사람이 연지 찍고 분을 발라 줄 일을 기다리겠는가? 사람 얼굴 그 자체가 본디 부처님의 얼굴이니 이런 견해로 보면, 부처님과 조사 스님께서 이 세상에 나와 중생을 교화하겠다는 일은 잔잔한 바다에 거친 풍파를 일으키는 것에 지나지 않는다. 「허공장경」에서 "글도 마구니의 업이요 이름과 모양도 마구니의 업이며 부처님의 밀씀조차도 마구니의 업이다."고 말하는 것도 바로 이 뜻이다. 여기서는 바로 깨달음의 본분本分을 말하는 것이므로 부처나 조사 스님들도 어찌할 도리가 없다.

게송

하늘과 땅이 사라지고
해와 달이 빛을 잃도다.

3

然이나 法有多義하고 人有多機하니 不妨施設이로다.

註解

法者 一物也요 人者 衆生也라. 法有不變隨緣¹之義하고 人有頓悟漸修²
之機하니 故로 不妨文字語言之施設也라.
此 所謂官不容針이나 私通車馬也라. 衆生이 雖曰圓成이나 生無慧目이어
甘受輪轉이라 故로 若非出世之金鎞³면 誰刮無明之厚膜也리오.

1. **불변不變과 수연隨緣** 여기서 '법'이란 앞서 말한 '그 무엇'으로서 곧 깨달음의 자리이다. 법에는 영원히 변치 않는 '불변不變'의 뜻과 인연을 따라 그때그때의 모습이 달라지는 '수연隨緣'의 뜻이 있다. "법에는 많은 뜻이 있다."라고 한 것은 수연의 뜻을 따른 것이다. 변치 않는 '그 무엇'이 중생의 인연에 따라서 여러 가지 모습으로 나타나는 것이다. 이것은 바닷물과 파도에 비유해 볼 수 있다. 바닷물이 여러 가지 모습의 파도로 나타나지만 바닷물 자체의 성질이 변하는 것이 아니기 때문이다. 바닷물 자체가 변하지 않는 것은 불변의 '그 무엇'에 해당되고 여러 가지 파도의 모습으로 나타나는 것은 인연을 따라 그때그때의 모습이 달라지는 수연에 해당된다. 바닷물이 있어야 파도가 있고 파도의 실체는 바닷물이기에 바닷물이 파도이고 파도가 바닷물이 된다. 바꾸어 말하면 불변이 수연이 되고 수연이 불변이 된다. 이것은 우리가 잘 알고 있는 「반야심경」에서 나오는 "색즉시공色卽是空 공즉시색空卽是色"이란 말과도 그 의미가 같다.
2. **돈오점수頓悟漸修** 사람들에게는 근본을 단숨에 깨칠 수 있는 돈오頓悟의 근기도 있고, 공부를 점차 닦아 나가야만 하는 점수漸修의 근기도 있다. 상근기에게는 돈오할 수 있는 법의 근본 자리를 바로 가리켜서 깨달음으로 들어가게 해야 한다. 화두선話頭禪은 화두를 통해서 이 자리에 바로 들어가고자 한다. 그러나 점수에 해당하는 중·하근기 사람에게는 이 방법이 통하지를 않는다. 그들은 근기에 맞추어서 법을 설해 주어야 조금 알아듣는다. 이 근기에 맞추어 법을 설해 주는 것이, 인연 따라 나타나는 법이 그때그때 달라진다고 하는 수연隨緣에 해당된다.
3. **금비金鎞** 옛날 인도 의사들이 안과 수술을 할 때 쓰던 금으로 만든 칼인데 지혜를 상징하는 말로 쓰인다.

3장. 법에는 불변과 수연의 뜻이 있으니

그러나 법에는 많은 뜻이 있고 사람의 근기에도 많은 차별이 있으니 여기에 맞추어서 방편을 쓸 수도 있다.

주해

법이란 '그 무엇'이고 사람은 중생이다. 법에는 영원히 변치 않는 '불변不變'과 인연 따라 달라지는 '수연隨緣'의 뜻이 있고, 사람에게는 공부를 단숨에 해치우는 '돈오頓悟'와 점차 닦아나가야 할 '점수漸修'의 근기가 있다. 그러므로 거기에 맞추어 글이나 말로 방편을 베풀 수 있다.

이것이 "공적인 일로는 바늘 끝만치도 잘못을 용납할 수 없지만, 사적인 일로는 바늘구멍으로도 수레가 오고갈 수 있다."고 말하는 것이다. 중생이 본디 오롯하게 완성되어 있더라도 지혜가 없으므로 윤회를 한다. 그러므로 시간을 초월한 황금 칼과 같은 번뜩이는 지혜가 없다면, 중생의 두터운 무명 막을 누가 긁어낼 수 있겠는가?

至於越苦海而登樂岸者

皆由大悲之恩也이니

然則 恒河沙身命 難報萬一也라.

此 廣擧新熏하고

感佛祖深恩하니라.

頌

王登寶殿

野老謳歌.

고통스런 사바세계를 벗어나 즐거운 피안에 오르는 것은 모두 부처님의 자비로운 큰 은혜로 말미암으니, 그렇다면 갠지스 강 모래알만큼 많은 목숨을 바친다할지라도 그 은혜는 만분의 일도 갚기 어려운 것이다.

이 장은 부처님의 가르침을 새로 배울 것을 널리 드러내고, 부처님과 조사 스님들의 깊은 은혜에 감사하라는 것이다.

게송
임금님이 높은 용상에 오르시니
촌 늙은이 흥얼흥얼 노래를 하네.

4

強立種種名字하여
或心 或佛 或衆生이나
不可守名而生解하라.
當體便是이나 動念卽乖니라.

註解
一物上 强立三名字者
敎之不得已也고
不可守名生解者 亦禪之不得已也라.
一擡一搦 旋立旋破는
皆法王法令之自在者也라.

此 結上起下하며 論佛祖事體各別이니라.

頌
久旱逢佳雨
他鄉見故人.

4장. 이름이나 형상에 얽매이지 말라

온갖 이름을 억지로 갖다 붙여서 혹 마음이라 하고 혹 부처님이라 하며 혹 중생이라고 한다. 그러나 이름에 얽매여 알음알이를 내서는 안 된다. 그 본바탕에서는 모든 것이 옳지만 한 생각 움직이면 근본 뜻에 어긋난다.

주해

'그 무엇'에 '마음' '부처님' '중생'이라는 세 가지 이름을 억지로 갖다 붙인 것은 教교의 처지에서는 부득이한 일이었고, 이름에 얽매여 알음알이를 내지 말라는 것은 禪선의 자리에서는 어쩔 수 없는 일이었다. 온갖 법을 마음대로 죽이고 살리며 내세우고 거둘 수 있는 것은 모두 온갖 법의 왕이신 부처님이 말씀하시는 법이 자유자재하기 때문이다.

여기서는 앞 장에서 말했던 내용들을 매듭짓고 아래 단락을 시작하면서 부처님과 조사 스님들이 하시는 일들과 그 바탕이 저마다 다를 수 있음을 밝히고 있다.

게송
오랜 가뭄 끝에 내리는 반가운 비요
천리타향에서 만난 옛 고향 친구로다.

5

世尊[1] 三處傳心者 爲禪旨[2]하고

一代所說者 爲敎門[3]하니

故로 曰

禪是佛心이요

敎是佛語니라.

註解

三處者 多子塔前分半座[4] 一也

---

1. **세존世尊** '세상에서 존경 받을만한 분'이라는 뜻으로서, 부처님을 부르는 또 다른 이름.
2. **선지禪旨** 세존이 가섭에게 '세 곳에서 마음을 전했다는 것'은 어떤 말이나 설명이 필요 없이 부처님의 마음과 가섭의 마음이 통하여 이심전심以心傳心으로 가섭의 공부를 인가 했다는 것이다. 가섭이 부처님께 마음으로 법을 전해 받은 것, 이것이 선종禪宗의 시작이 되니, 선의 근본 뜻으로서 선지가 된다.
3. **교문敎門** 부처님께서 중생들이 법을 알아듣게 그들의 근기에 맞추어서 가르침을 준 것을 교敎라고 한다. 다시 말해 부처님이 임시 방편으로 온갖 이름을 부처님의 마음자리에 갖다 붙여 설명한 것이다. 이것들이 모여 팔만대장경이 된다.
4. **다자탑전 분반좌** 어느 날 부처님께서 중인도 비사리성 서쪽에 있는 다자탑 앞에서 많은 대중들에게 설법을 하고 있을 때였다. 설법이 중간쯤 진행될 때 허름한 가섭이 먼 길에서 돌아와 뒤늦게 모습을 드러내자 대중들은 그를 달갑게 여기지 않았다. 그때 부처님께서 부드러운 목소리로 "어서 오라! 가섭이여." 하며 당신이 앉던 자리 절반을 내주고 가섭을 당신 옆에 앉게 하였다. 보잘것없어 보이던 가섭이 부처님과 같은 자리에 앉게 되는 모습을 보고 대중들은 깜짝 놀랐다. 이때 부처님께서 앉은 자리 절반을 가섭에게 내준 일을 선가에서는 부처님이 가섭의 공부를 인정한 것으로 본다. 부처님이 당신의 법을 가섭에게 전했다는 뜻이다. '다자탑 앞에서 자리를 절반 나누어 앉았다'라고 하여 '다자탑전多子塔前 분반좌分半座'라고 한다.

5장. 부처님 마음을 전한 것이 선禪

세존이
세 곳에서 마음을 전했다는 것이 선禪의 근본 뜻이 되었고
한평생 인연 따라 가르침을 주었던 것이 팔만대장경이 되었으니

그러므로 말한다.

선禪은 부처님 마음이요
교敎는 부처님 가르침이다.

주해
세 곳이란
다자탑 앞에서 자리를 양분해 앉은 것,

靈山會上擧拈花[1] 二也

雙樹下槨示雙趺[2] 三也니

所謂 迦葉 別傳禪燈者 此也니라.

一代者

四十九年間所說五敎也로서

人天敎[3] 一也

---

1. **영산회상 거염화** 부처님이 영취산靈鷲山에서 법회를 보고 있을 때에 일어난 일이다. 영취산은 중인도 마갈타국 왕사성 동북쪽에 있는 유명한 불교 성지로 알려져 있다. 산 모습이 독수리처럼 생긴데다가 실제로 독수리도 많이 살고 있어서 붙게 된 이름인데 '영산靈山'이라고도 한다. 부처님께서는 이 산에서 「법화경」을 비롯한 많은 대승경전을 설하셨다고 한다. 이 영취산에서 법회를 보고 있을 때 하늘에서는 꽃비가 내리고 있었다. 부처님께서는 법회 중간에 허공에서 떨어지는 꽃 한 송이를 갑자기 집어 들고 대중에게 보였다. 모든 대중들은 느닷없이 일어난 부처님의 이런 행동이 무슨 뜻인지를 몰라 어리둥절해 했다. 그 대중 가운데 오직 가섭만이 부처님의 뜻을 알아채고는 빙그레 웃었다. 이때 부처님께서 "나에게 정법안장正法眼藏 열반묘심涅槃妙心 실상무상實相無相 미묘법문微妙法門 불립문자不立文字 교외별전敎外別傳이 있는데 이 모든 것을 가섭에게 전하겠노라." 말씀하셨다. 이것을 '영취산 법회에서 꽃을 집어 들어 보였다'고 해서 '영산회상 거염화'라고 한다. 뒷날 부처님이 꽃을 들어 대중에게 보인 이 일을 두고 '염화시중拈花示衆'이라 말하기도 한다. 또 꽃을 드니 가섭이 빙그레 웃었다고 하여 '염화미소拈花微笑'라고도 한다.
2. **쌍수하 곽시쌍부** 쿠시나가라에서 부처님이 열반하셨을 때 제자들은 사라수나무가 마주 서 있는 자리에 관을 모셔 두었다. 열반하신 뒤 칠일이 지나서야 멀리 떨어져 있던 가섭이 뒤늦게 도착하였다. 슬픔을 감추고 가섭이 지극히 공경하는 마음으로 부처님의 공덕을 정성껏 찬탄하자 부처님께서 관 밖으로 두 발을 내보이셨다. 뒷날 관 밖으로 두 발을 내보인 이 일을 '쌍수하雙樹下 곽시쌍부槨示雙趺'라고 하여, 선종에서는 부처님이 가섭에게 법을 전했다는 징표로 삼았다. '쌍수雙樹'는 나무가 마주 서 있는 것을 말하고, '곽槨'은 부처님을 모신 관을 말하며, '쌍부雙趺'는 부처님의 두 발을 뜻한다. 이것을 보통 '곽시쌍부槨示雙趺'라고 줄여 말한다.
3. **인천교人天敎** 사람들에게 나쁜 짓을 하지 말고 부처님의 계율을 지키면서 좋은 일만 하라고 일러주는 가르침이다. 이 가르침을 따르면 다음 세상에 복이 많은 인간이나 하늘에 사는 하느님으로 태어날 수 있다고 한다. 세상에서 가르치는 도덕적인 가르침과 거의 같은 내용이라고 보아도 좋다. 지혜롭지 못한 사람들을 위하여 부처님이 쓰신 자비로운 방편이다.

영산회상에서 꽃을 들어 보인 것,
두 나무 사이에 있던 관속에서 두 발을 내보인 것이니

말하자면 따로 가섭에게 선의 등불을 전했다는 것이 바로 이것이다.

한평생 가르침을 주었다는 것은
49년간 말씀하신 다섯 가지 가르침으로서
인천교人天敎,

小乘敎^{1}二也

大乘敎^{2}三也

頓敎^{3}四也

圓敎^{4}五也이니

所謂 阿難 流通敎海者 此也니라.

---

1. **소승교小乘敎** 복을 지어 인간이나 하늘에 태어나도 그 복이 다하면 다시 중생계에 윤회해야 하는 것이 중생의 운명이니, 실체가 없는 중생의 허망한 삶에 집착하지 말라고 부처님께서 가르치신 것이 소승교이다. 중생 삶에 대한 집착을 떠나 온갖 번뇌를 끊는 '공空' 체험으로써 부처님 세상을 찾으라는 것이다. 그런데 이 뜻을 잘못 알고 오로지 '공空'에만 집착하는 어리석음을 범하는 것을 소승교라고 한다. 오로지 '공空'만 주장하여 모든 것을 부정하다 보면 허무주의나 무기력한 삶에 빠지기가 쉽다.
2. **대승교大乘敎** '대승'은 큰 수레란 뜻이다. 많은 중생들과 함께 부처님의 세상으로 가겠다는 원력을 세우고 육바라밀을 실천하는 보살들의 큰 틀을 말한다. 소승처럼 공에만 집착하여 거기에 머물러 있는 것이 아니라, 자신이 살고 있는 이 세상에서 모든 중생들과 함께 부처님의 세상을 만들 수 있다고 주장하는 민중불교 운동이 대승교이다. 부처님이 '공空'을 말씀하시는 것은 온갖 번뇌를 끊는 그 자리에서 바로 부처님의 세상을 드러내고자 한 것인데, 소승들은 그 뜻을 모르고 '공空'에만 집착하여 나쁜 경계에 빠진 채 주저앉아 있으므로 그 반작용으로 일어나게 된 개혁 불교이다.
3. **돈교頓敎** 돈교란 소승이다 대승이다 말들을 하지만 사실 '한 생각 돌이키면 서있는 그 자리가 모두 부처님의 세상'이라는 가르침이다. 여기에만 해당하는 특별한 경론經論이 없지만 이와 같이 설법하는 내용들을 모두 돈교라고 한다.
4. **원교圓敎** 원교란 이 세상은 그 자체가 안팎으로 하나도 부족함이 없는 오롯한 부처님의 세상이라는 것이다. 부처님의 근본 뜻은 중도실상中道實相에 있으므로 이것을 올바르게 드러낸 가르침이다. 온갖 집착을 끊었으므로 공空도 아니고 가假도 아니면서 안도 아니고 밖도 아니다. 모든 중생이 거울 속의 모습이나 물속의 달과 같아서 안에 있는 것도 아니고 밖에 있는 것도 아니며, 있다고도 할 수 없고 없다고도 할 수 없다. 끝내 어떤 실물이 있는 것은 아니지만 '삼제三諦'의 도리가 완연히 구족되어 있다. 대표적인 경전이 「화엄경」과 「법화경」이다. 부처님께서는 이 도리를 「화엄경」에서 "참으로 놀랍고 놀랍도다. 모든 중생들이 다 여래의 지혜와 공덕을 갖추고 있는데도 분별망상 때문에 그것을 알지 못하는구나."라고 말씀하셨다.

소승교小乘教,

대승교大乘教,

돈교頓教,

원교圓教이니

이른바 아난이 많은 부처님의 가르침을 이 세상에 널리 알렸다는 것이 바로 이것이다.

然則 禪敎之源者 世尊也요

禪敎之派者 迦葉阿難[1]이라.

以無言 至於無言者 禪也요

以有言 至於無言者 敎也이니

乃至心是禪法也요 語是敎法이라.

法則 雖一味라도

見解則 天地懸隔이니라.

此 辨禪敎二途니라.

頌

不得放過하라

草裡橫身하리라.

---

1. **아난阿難** 부처님의 많은 가르침들은 모두 부처님을 따라 다니면서 모든 법문을 듣고 외워놓았던 총명한 제자 아난에 의하여 이 세상에 전해진다. 가섭이 부처님의 법을 이어받아 선종禪宗의 초조가 되었듯이, 부처님의 가르침은 아난에 의해 정리된다. 선禪과 교敎의 근원은 모두 석가모니 부처님인데 선과 교로 갈라지게 된 것은 가섭과 아난에서부터 비롯되었다.

그렇다면 선禪과 교敎의 근원은 세존이 되는 것이요
선과 교로 갈라지는 것은 가섭과 아난이 시작이다.

말이 없는 것으로 말이 없는 곳에 이르는 것은 선禪이요
말로 말이 없는 곳에 이르는 것은 교敎이니
마음은 선법禪法이요 말은 교법敎法이다.

법으로 본다면 한맛이더라도
견해로 본다면 하늘과 땅만큼 차이가 난다.

여기서는 선禪과 교敎의 두 갈래 길을 분별한다.

게송
한 생각도 놓치지 마라
차가운 풀 속에 눕게 되리라.

6

是故로 若人 失之於口則
拈花微笑
皆是教迹이요

得之於心則
世間麤言細語
皆是教外別傳禪旨

註解

法無名故로 言不及也요
法無相故로 心不及也라.

擬之於口者 失本心王也요
失本心王則
世尊拈花
迦葉微笑
盡落陳言하여 終是死物也라.

6장. 선禪의 근본 뜻과 교教의 자취

이 때문에 말에 속아 본뜻을 잃는다면
부처님이 꽃을 들자 미소 짓는 가섭이
다 교教의 자취가 되고 말 것이요

본뜻을 알면
세간의 거친 말이나 잡다한 말들까지
모두 문자 밖에 따로 전하는 선禪의 근본 뜻이 될 것이다.

주해

법에 이름이 없기 때문에 말로 표현할 수 없음이요
법에 모양이 없기 때문에 마음이 그려내지를 못한다.

말에서 머뭇거리는 사람은 본디 마음을 잃은 것이요,
본디 마음을 잃었다면
'부처님이 꽃 한 송이를 들어 보이는 것'과
'빙긋이 웃는 가섭의 미소'조차
다 말장난에 떨어져 끝내 죽은 말이 된다.

得之於心者

非但街談 善說法要라

至於鷰語조차

深達實相也이니라

是故로 寶積禪師[1]가 聞哭聲하고 踊悅身心하며 寶壽禪師[2]는 見諍拳하고 開豁面目者 以此也라.

此 明禪敎深淺하니라.

頌

明珠在掌

弄去弄來.

---

1. **보적 선사**   옛날 마조(709-788) 스님의 법을 이은 보적 선사가 푸줏간 앞을 지나갈 때였다. 고기를 사는 사람이 "맛있는 살점을 잘라 주시오."라고 하니, 푸줏간 주인이 "저어 손님, 이 고기 어느 부분인들 맛있지 않은 살점이 있겠습니까?"라고 하였다. 스님은 이 소리에 문득 크게 깨친 바가 있었다고 한다. 이런 뜻으로 보면 세간의 거친 말 자잘한 말들까지도 모두 언어 문자 밖에서 법을 전하는 선禪의 근본 뜻이 된다.
2. **보수 선사**   임제(?- 867) 스님의 법을 이은 보수 스님이 공부하러 다닐 때였다. 하루는 방장 큰스님께서 "부모님이 너를 낳기 전 너의 본래면목本來面目이 무엇이냐?"라고 물었다. 그는 머뭇거리며 대답을 하지 못했다. 어느 날 스님이 길을 가다가 저자거리에서 주먹다짐하고 싸우는 사람들을 보게 되었다. 스님은 싸움 끝에 "참으로 면목이 없네."라고 하는 그들의 말을 듣고 거기서 크게 깨쳤다.

마음의 본뜻을 아는 사람에게는
저자거리의 이야기조차 훌륭한 법담이 될 뿐만 아니라
나무 위에서 지저귀는 제비 소리까지도
실상實相의 이치에 통달한 것으로 들린다.

그러므로 "참선만 하고 살던 보적 선사는 슬피 우는 상주의 통곡소리에 문득 깨쳐 덩실덩실 춤을 추고 기뻐하였으며, 보수 스님은 싸우던 사람들이 '서로 볼 면목이 없다'고 하며 화해하는 것을 보고 본래면목을 크게 깨쳤다."고 말하는 것들이 이것 때문이었다.

여기서는 선禪이 근본이고 교敎가 방편이라는 것을 밝히고 있다.

게송
밝은 구슬 내 손안에 놓여 있으니
이리 궁글 저리 궁글 가지고 노네.

7

吾有一言 絶慮忘緣.

兀然無事坐 春來草自靑.[1]

註解

絶慮忘緣者 得之於心也니 所謂 閑道人[2]也라. 於戱 其爲人也 本來無緣 本來無事이어 飢來卽食이고 困來卽眠이라 綠水靑山 任意逍遙하며 漁村酒肆 自在安閑이라. 年代甲子 總不知이나 春來依舊 草自靑이로다. 此別歎一念廻光者이니라.

頌

將謂無人

賴有一個.

---

1. 이는 남악 나찬南嶽懶瓚 선사가 헛된 생각과 인연들을 끊고 한가롭게 사는 도인들을 표현한 글이다.
2. **한도인閑道人** 헛된 생각과 쓸데없는 인연이 끊어지면 그 자리에서 바로 부처님의 세상이 드러난다. 부처님의 향기로운 삶을 사는, 더 이상 배울 것이 없고 더 이상 해야 할 일이 없는 한가로운 도인이 된다. 무엇을 망상이라 해도 애써 없애지를 않고, 무엇을 참됨이라 해도 애써 구하지를 않는 것이다. 이 도인은 부처님의 삶을 살고 있으므로 그 삶 자체가 아름답다. 또한 그 사람의 마음은 고요하고 편안하다. 고요하고 편안한 삶은 지혜로운 삶이므로 그 삶 자체에서 모든 사람의 마음을 행복하게 만들어주는 힘이 있다. 중생들은 그런 사람을 보는 것만으로도 기뻐하고 행복해 한다. 오고 가며 앉고 눕는 그 사람의 일상적인 삶의 모습이 아름다워 그것 자체로서 모든 중생들의 삶을 바꾸어 준다. 이것이 부처님이 하시는 중생제도이다. 하는 일 없이 모든 중생의 삶을 바꾸어 줄 수 있는 것[無爲而作]이 진정한 수행이다.

7장. 헛된 생각과 인연들을 끊어야

한 마디 일러줄 말이 나에게 있으니
헛된 생각과 인연들을 끊을지어다.

우뚝 앉아있는 모습 더 할 일이 없어
봄이 옴에 어린 풀잎 파릇파릇 돋는구나.

주해

'헛된 생각과 인연들을 끊었다는 것'은 '참마음을 얻은 것'이니 한가롭게 사는 도인을 말한다. 아! 그 사람됨이 본래 반연이 없고 본디 할 일이 없어 배고프면 밥을 먹고 피곤하면 잠을 잔다. 푸른 물결 깊은 산을 마음대로 오고가며, 어촌이든 주막이든 걸림 없이 드나든다. 흘러가는 세월을 조금도 알지 못하지만 봄이 옴에 예전처럼 풀잎들이 파랗구나.

여기서는 따로 '한 생각 돌이킨 사람'에 대하여 찬탄하고 있다.

게송

아무도 없는 줄 알았더니
다행히 한 사람이 있었구나.

8

敎門은

惟傳一心[1]法이요

禪門은

惟傳見性法이니라.

註解

心은 如鏡之體이고 性은 如鏡之光이라.

性自淸淨일새

卽時豁然하면 還得本心이라.

此 秘重得意一念이니라.

頌

重重山與水

淸白舊家風.

---

1. 한마음[一心] 「화엄경」에서는 '일체유심조一切唯心造'라고 하여 "모든 현상은 오로지 마음이 만들어낸 것"이라고 한다. 이 말처럼 '한마음[一心]'이란 '모든 현상의 근원에 있는 마음'을 뜻한다. 눈으로 드러나는 현상에는 많은 차별이 있을지라도 그 근원에 있는 바탕인 한마음은 조금도 차별이 없다는 것이다.

8장. 한마음과 참성품을 보는 법

교敎에서는
오직 한마음에 관한 법을 전할 뿐이요

선禪에서는
오직 참성품 보는 법을 전할 뿐이다.

주해

마음은 거울의 바탕과 같고 성품은 거울의 빛과 같다.
참성품은 본디 맑고 깨끗한 것이므로
즉시 이 성품만 툭 트이면 그 자리에서 본디 마음을 얻는다.

여기서는 '근본 뜻을 아는 한 생각'을 아주 중요하게 여기고 있다.

게송

겹겹으로 둘러싸인 산과 물이여
깨끗하고 맑디맑은 옛집의 풍류.

評曰

心有二種이니

一은 本源心이요

二는 無明取相心也라.

性有二種하니

一은 本法性이요

二는 性相相對性也라

故로 禪敎者 同迷守名生解라.

或以淺爲深하고 或以深爲淺하여

爲觀行大病故로 於此辨之[1]니라.

---

1. 여기에서 말하는 '본바탕의 근원에 있는 마음'과 '본디 법으로서 있는 성품'은 곧 부처님의 자리이다. 이 내용을 합쳐 다른 말로 바꾼다면 '공적영지'이다. '공적空寂'이란 모든 시비와 분별이 끊어진 '고요한 마음자리'이고, '영지靈知'란 그러한 자리에서 드러나는 '태양처럼 빛나는 지혜'이다. 고요한 마음자리가 있어야 빛나는 지혜가 드러나고, 빛나는 지혜가 드러날 때 고요한 마음자리가 있게 된다. 고요한 마음자리가 빛나는 지혜요, 빛나는 지혜가 고요한 마음자리이다. 이것을 서산 스님께서는 "마음은 거울의 바탕과 같고, 성품은 거울의 빛과 같다."라고 말씀하신 것이다. 따라서 '본바탕의 근원에 있는 마음'을 알게 되면 '본디 법으로서 있게 되는 성품'을 저절로 알게 된다. 바꾸어 말하면 '한마음'을 제대로 알면 바로 그 자리에서 '참성품'도 알 수 있다. 敎敎를 제대로 알기만 하면 禪禪도 제대로 알 수 있다는 것이다.
이와는 반대로 '나타난 형상에 끄달리는 무명의 마음'과 '성性과 상相의 상대적 개념으로써 이해할 수 있는 성품'은 곧 중생의 자리이다. 부처님의 자리에서 근본마음만 알면 '공적영지'로서 敎敎도 禪禪과 다를 바가 없게 되지만, 중생의 자리에서는 근본성품을 알지 못하면 禪禪도 敎敎의 자취가 되고 만다.
이런 이치를 깨닫지 못하고 선과 교가 서로 옳다고 다투기만 한다면 선을 공부하는 사람이나 교를 공부하는 사람들이 모두 똑같이 어리석다고 할 수 밖에 없다. 눈앞에 보이는 이름이나 형상에 집착하고 알음알이만 내어 혹 얕은 것도 깊다 주장하고 혹 깊은 것도 얕다고 우기기 때문이다. 이런 것들이 모두 공부하는데 큰 병통이 되므로 여기에서 그 시비를 가려낸다.

평하여 말하기를

마음에 두 종류가 있으니
하나는 '본바탕 근원으로서 마음'이요
또 하나는 '무명으로서 경계에 집착하는 마음'이다.

성품에도 두 종류가 있으니
하나는 '본디 법으로서 성품'이요
또 하나는 '성性과 상相으로 대립되는 성품'이다.

그러므로 선학이나 교학을 하는 사람들이
똑같이 어리석어 명자에 집착하여 알음알이를 낸다.

혹 얕은 경계를 깊다고 하고
혹 깊은 경계를 얕다고 하여
공부하는 데 큰 병통이 되기 때문에
여기에서는 그 내용을 가려 말한다.

9

然 諸佛說經이 先分別諸法하나 後說畢竟空[1]이며

祖師示句는 迹絶於意地이고 理顯於心源하니라.

註解

諸佛 爲萬代依憑故로 理須委示하고 祖師는 在卽時度脫故로 意使玄通[2]
이라. 迹은 祖師言迹也요 意는 學者意地어라.

頌

胡亂指注

臂不外曲.

---

1. **필경공畢竟空** 부처님은 근기가 다양한 중생들을 위하여 여러 가지 방편으로 온갖 법을 말하지만, 맨 마지막에 가서는 반드시 모든 법을 부정한다. 대승경전에서 부처님이 온갖 법문을 설하시다가 맨 마지막에 가서는 '한 마디도 설한 바가 없다'라고 하는 것들이 이런 예들이다. 모든 법은 많은 인연이 모여서 만들어진 것이므로 그 실상은 실체가 없다는 것이다. 모든 법이 부정되는 자리, 모든 방편이 부정되어 비어 버리는 자리를 '필경공'이라고 한다. 이 '필경공'이야말로 부처님의 많은 가르침이 나타내고자 하는 최종 목적지로서 실상을 드러내는 이치이다.
2. 규봉 스님의 「도서」에서 인용한 글로 앞뒤 내용은 다음과 같다.
   "부처님이 세상에 나오셔서 가르침을 펼치는 것과 조사 스님들이 있는 그 현장에서 사람들을 제도함은 그 일의 바탕이 저마다 다른 것이다. 부처님의 가르침은 이 세상 사람들의 영원한 의지처가 됨으로써 '실상의 이치'를 자세히 드러내야 했고, 조사 스님들의 가르침은 중생들을 곧바로 제도해야 함으로써 그들의 마음을 실상에 깊이 통하게 해야 했다. 그들의 마음을 깊이 통하게 하는 일은 반드시 말을 잊어야 가능한 일인 만큼, 말끝에 그 자취를 남기지 않는다. 중생들의 마음에서 조사 스님들의 말 자취가 사라지면 마음의 근원에서 '실상의 이치'가 나타나니 신信·해解·수修·증證을 의도하지 않아도 저절로 성취되고, 부처님의 경전이나 율장과 논論·소疏들을 따로 익히지 않아도 저절로 그 뜻이 다 통한다."

9장. 부처님과 조사의 말씀

부처님이 말씀하신 모든 경전들이
처음에는 모든 법을 분별하고 있지만
결국에 가서는 '필경공'을 설하시며

조사 스님들의 가르침은
그 자취가 마음자리에서 끊어지고
이치는 그 마음의 근원에서 드러난다.

주해
부처님은 영원한 의지처가 됨으로
'실상實相의 이치'를 자세히 가르쳐야 했고
조사의 가르침은 곧바로 중생들을 제도해야 함으로
그들의 마음자리를 실상에 깊이 통하게 해야 했다.
자취[迹]는 조사 스님들의 '말 자취'요
마음자리[意]는 공부하는 사람들의 마음자리이다.

게송
제멋대로 꿰맞추어 말을 하더라도
그대 팔이 밖으로 굽지는 않으리라.

10

諸佛說弓하고 祖師說絃하니 佛說無碍之法 方歸一味¹하고 拂此一味之 迹해야 方現祖師所示一心이라. 故로 云하되 庭前栢樹子話는 龍藏所未有 底라.

註解

說弓은 曲也이고 說絃은 直也²니라. 龍藏은 龍宮之藏經也라. 僧問趙州하되 如 何是祖師西來意³오하니 州答云하되 庭前栢樹子라. 所謂 格外禪旨也라.

頌

魚行水濁 鳥飛毛落.

---

1. '교敎'를 통하여 부처님 마음을 알면 그것이 곧 깨달음이다. '선禪'에서 깨달음에 들어가면 그것이 부처님 마음이다. 부처님의 마음을 알면 깨달음이고 깨달음을 성취하면 부처님의 마음이니 모두가 '한맛'이다. 그러므로 선이든 교이든 서로가 조금도 거리낌이 없다. 이를 '걸림이 없는 법'이라고 한다. '걸림이 없는 법'이라고 하여 여기에 집착하면 이 또한 망상 이 되니 한 법도 집착해서는 안 된다.
2. **활등과 활줄** 부처님의 마음에 초점을 맞추어 돌아가지 않고 그 자리를 바로 찾으려는 것이 활줄에 비유된 선禪이고, 부처님의 가르침을 통하여 시간이 걸리지만 차근차근 부처 님의 세상을 찾아가려고 하는 것이 활등에 비유된 교敎이다.
3. 중국 선종의 초조 달마 스님은 중국에 와서 불교의 대혁신을 일으켰다. 경전이나 글이 다 소용없다 하여 불립문자不立文字를 주장하였고 계율, 염불, 다라니 모든 것을 다 부정하 였다. 달마 스님은 오로지 "마음을 살피는 한 가지 일에 모든 수행이 들어있다[觀心一法 總攝諸行]."라고 하고, 또 "바로 사람의 마음을 가리켜서 그 성품을 보면 부처님이 된다[直 指人心 見性成佛]."라고 하였다. 달마 스님의 이런 법은 혜가 스님에게 전해지고 육조 혜능 스님 때에 활짝 꽃이 펴 그 문하에서 수많은 성인들이 나왔다. 그러자 사람들은 다투어 묵은 불교를 버리고 이 법을 배우고자 하였다. 그래서 묻기를 "달마 스님이 서쪽에서 온 뜻이 무엇입니까?"라고 하였다.

10장. 활등과 활줄처럼 말씀하시니

모든 부처님께서는 활등처럼 말씀하시고 조사 스님들은 활줄같이 말씀하시니, 부처님이 설한 걸림 없는 법이라야 한맛으로 돌아가고, 이 한맛의 자취마저 떨쳐야 비로소 조사 스님들이 보인 한마음이 드러난다. 그러므로 '뜰 앞의 잣나무'란 말은 용궁의 대장경에도 없다고 한다.

주해

활등처럼 말씀하셨다는 것은 좀 돌더라도 알아듣게 차근차근 말씀하셨다는 것이고 활줄처럼 말씀하셨다는 것은 거두절미하고 곧장 근본자리를 말씀하셨다는 것이다. 용장龍藏은 용궁에 있는 대장경을 말한다.

어떤 스님이 조주에게 묻기를 "달마 스님이 서쪽에서 오신 뜻이 무엇입니까?" 하니, 조주 스님께서 답변하셨다.
"뜰 앞의 잣나무"
이것이야말로 '고정관념을 깨뜨리는 선禪'의 뜻이다.

게송

고기가 노니 맑은 물이 흐려지고
새들이 나니 새털이 떨어지네.

11

故로 學者는

先以如實言敎로

委辨 不變隨緣二義[1]가

是自心之性相이며

頓悟漸修兩門이

是自行之始終이라.

然後 放下敎義하고

但將自心 現前一念으로

參詳禪旨則

必有所得하리니

所謂 出身活路니라.

---

1. **불변수연**不變隨緣 중생들은 여러 가지 모습을 지니고 있지만 실은 모두 부처님의 성품을 가지고 있다. 변하지 않는 부처님의 성품이 인연에 따라 여러 가지 모습을 지니게 되는 것, 이것이 수연의 뜻이다. 자기 마음에 있는 본바탕 성품이 불변이고 그 바탕이 인연 따라 달리 나타나는 모습이 수연의 뜻이다. 이 말을 듣고 '아, 내가 부처님이구나.' 하고 이 자리에서 확실하게 알고 모든 공부를 끝내는 사람을 '돈오돈수頓悟頓修' 했다고 한다. 그러나 이 말을 들어도 그 자리에서 제대로 알지 못하고 그저 어렴풋이 알 것 같기만 하다면, 먼저 '부처님의 성품'을 이해하고 그것에 의지하여 더 공부를 해나가야 한다. 부처님의 성품을 먼저 이해하고 차츰차츰 닦아 나가는 것을 '해오점수解悟漸修'라고 한다.

11장. 먼저 참다운 가르침으로 사실을 알고

그러므로 도를 배우는 사람들은
먼저 참다운 가르침으로
불변과 수연의 뜻이
자기 마음의 성품과 겉으로 드러나는 모습이며
돈오와 점수 두 길이
본인 수행의 처음과 끝이라는 것을
자세히 알아야 한다.

그런 뒤 '교教의 뜻'을 내버리고
오로지 자신의 마음에서 나타나는 한 생각으로
'선禪의 근본 뜻'을 세밀히 참구하면
반드시 얻을 것이 있으리니
이것이 생사의 몸을 벗어나 살길이다.

詳解

上根大智

不在此限이나

中下根者 不可躐等也니라.

敎義者

不變隨緣 頓悟漸修에 有先有後니라.

禪法者

一念中에 不變隨緣 性相體用이

元是一時이어 離卽離非이고 是卽非卽이라.

故로 宗師 據法하여

離言 直指一念하여 見性成佛耳라.

放下敎義者 以此니라.

頌

明歷歷時

雲藏深谷

深密密處

日照晴空.

주해

뛰어난 근기로서 크게 지혜로운 사람은
이런 구분에 얽매이지 않아도 되지만
어중간한 사람들은 함부로 공부를 건너뛰어서는 안 된다.

'교教의 뜻'이란
불변과 수연, 돈오와 점수에 앞뒤 차례가 있는 것이다.

선법禪法이란
한 생각 속에 불변과 수연, 성품과 형상, 바탕과 그 쓰임이
한꺼번에 일어나 떠나도 떠난 것이 아니고 옳아도 옳은 것이 아니다.
그러므로 큰스님들은 법에 근거하여
말을 떠나 바로 한 생각을 가리켜서 참성품을 보고 부처가 되게 한다.
'교教의 뜻'을 내버린다는 것은 이것 때문이다.

게송

밝고 밝아 모든 것이 분명할 때에
비구름이 골짜기를 덮어버리고
깊고 깊어 그윽하고 고요한 곳에
푸른 하늘 높은 태양 찬란한 광명.

12

大抵學者는

須參活句[1]요

莫參死句니라.

註解

活句下에 薦得하면 堪與佛祖爲師요

死句下에 薦得하면 自救도 不了니라.

此下는 特擧活句 使自悟入하니라.

頌

要見臨濟

須是鐵漢.

---

1. **활구**活句 선종에서 공부 길을 터줄 수 있는 아주 쓸모 있는 말들을 '살아 있는 말[活句]'이라 하고, 쓸모없는 말들을 '죽어 있는 말[死句]'이라 한다. 선문에서 쓰이는 '살아 있는 말'들은 중생들이 시비 분별하여 알 수 있는 그런 차원의 것이 아니고, 그 차원을 뛰어넘어 부처님 세상과 하나가 될 수 있는 지혜를 말한다. 모든 번뇌를 끊고 타파할 수 있어 섬광이 번뜩이는 지혜를 '살아 있는 말'이라 하고, 이리저리 뜻을 헤아리고 추측하여 쓸데없이 번뇌만 더 늘게 분별하는 지혜를 '죽어 있는 말'이라 한다. '살아 있는 말'은 수행자의 마음을 터줄 수 있는 번뜩이는 지혜이므로 생명을 살리는 칼로 비유되어 '활인검活人劍'이라고도 하고, '죽어 있는 말'은 공부 길을 방해하여 수행자의 생명인 지혜를 없애기 때문에 '살인도 殺人刀'라 한다.

12장. '살아 있는 말'을 참구할 것

도를 닦는 사람들은
모름지기 '살아 있는 말'을 참구할 일이요
'죽어 있는 말'을 참구하지 말지어다.

주해

'살아 있는 말'에서 깨달음을 얻는다면
부처님이나 조사 스님들과 어깨를 견주며
다른 사람의 스승이 될 것이요,
'죽어 있는 말'에서 깨쳤다고 착각하면
자기 자신도 구제하지 못할 것이다.

여기서는 특별히 '살아 있는 말'로 스스로 깨닫도록 한다.

게송

임제 스님을 만나려면
쇠뭉치로 된 놈이라야 한다.

評曰

話頭에 有句意二門이라.

參句者

徑截門活句也니

沒心路 沒語路하여

無摸索故也니라.

參意者

圓頓門死句也니

有理路有語路하여

有聞解思想故也니라.

평하여 말하기를

화두는 말을 참구하는 것과 뜻을 연구하는 것이 있나.

말을 참구한다는 것은
깨달음을 얻는 지름길로서 살아있는 말 '활구活句'이니,
생각할 수도 없고 설명할 수도 없어서
조금도 어찌할 수 없는 곳이기 때문이다.

뜻을 연구한다는 것은
두루뭉술하게 깨달음을 얻었다고 하는 죽어있는 말 '사구死句'이니,
이치로 따질 수도 있고 말로 설명할 수도 있어
듣고 이해하고 생각할 수 있기 때문이다.

13

凡本參公案上[1]에서

切心做工夫를

如鷄抱卵

如猫捕鼠

如飢思食

如渴思水

如兒憶母하듯하면

必有透徹之期하리라.

---

1. **공안公案** 관청에서 시비를 판결하는 공문서라는 의미이니 요즈음 말로는 모든 국민들이 이의 없이 따라야 할 '나라법'이다. 이 뜻을 빌려 선종에서는 '역대 고승의 언행에 관한 기록을 가져다 참선하는 사람들이 이의 없이 따라야 할 지침으로 삼은 것'을 공안이라고 했다. 이런 종류의 기록들은 한결같이 정부에서 정식으로 포고하는 법령과 같아서 그 권위가 준엄하여 침범할 수 없다. 오로지 수행하는 사람들이 늘 따르고 의지해야 할 법으로서 좌우명으로 삼아야 할 뿐이다. 이런 풍습은 당대唐代에 제기되고 송宋나라 시대에 크게 유행하였다고 한다.
일반적으로 일천칠백 공안이라고도 하는데, 천칠백이라는 숫자는 「경덕전등록景德傳燈錄」에 실려 있는 일천칠백 명이 법을 전해 받게 되는 특별한 인연이 된, 그들 전법傳法 기연機緣의 숫자에서 왔다. 그러나 공안이 정확히 일천칠백 개가 실재하는 것은 아니다. 통상 쓰이는 것은 약 오백 개이고 그 나머지 것들은 중복되어 쓰이거나 참구할 가치가 적다고 한다. 선종에서 처음에는 개인에 관한 어록이 있을 뿐이었지만 뒷날 어록에 관한 책들이 많아지고 마침내 그 어록들을 편집하여 공안에 관한 책들이 완성되었다. 그 결과 「벽암록」, 「종용록」, 「무문관」, 「정법안장」, 「경덕전등록」과 「인천안목」, 「지월록」, 「속지월록」, 같은 책들이 만들어졌다.

13장. 간절한 마음으로 공부하기를

본디 공안을 참구하는 자리에서
간절한 마음으로 공부하기를

어미 닭이 알을 품듯
굶주린 고양이가 쥐를 잡듯
배고픈 사람이 밥 생각하듯
목마른 사람이 물 생각하듯
갓난아이가 엄마 생각하듯 하면

반드시 투철하게 깨칠 때가 있게 된다.

註解

祖師公案[1]이 有一千七百則이니

如狗子無佛性[2] 庭前栢樹子 麻三斤 乾屎橛[3] 之類也라.

鷄之抱卵은

暖氣相續也라.

猫之捕鼠는

心眼不動也라.

至於飢思食 渴思水 兒憶母

皆出於眞心이니

非做作底心故로 云 切也니

參禪에 無此切心하여 能透徹者 無有是處니라.

---

1. 공안은 어떤 내용을 짜 맞추어 추리하거나 일반 상식을 가지고 해석해서는 안 된다. 이 언어들은 대개 선가의 정신으로서 말의 논리나 논리적 사고를 초월해 있기 때문이다. 큰스님들은 매번 공안에 있는 이런 특성을 가지고 학인들의 분별 의식 밖에 있는 심층을 바로 깨닫도록 촉발시켜 그들의 참성품을 직접 보게 한다.
   공안이라 불리는 화두가 갖고 있는 중요한 의미를 다섯 가지로 정리해 볼 수 있다. 첫째, 화두는 깨달음을 가져오는 방편이 된다. 둘째, 화두는 학인의 공부를 점검하는 방법이 된다. 셋째, 학인이 믿고 따를 수 있게 하는 권위의 잣대가 된다. 넷째, 큰스님이 학인의 공부를 인가해 주는 믿음의 증표가 된다. 다섯째, 수행자가 마침내 깨달아야 할 깨달음을 제시한다.
2. **구자무불성狗子無佛性** 어떤 스님이 조주 스님께 "개에게도 부처님 성품이 있습니까?" 하고 물으니, 조주 스님께서 "없다."라고 하셨다. 이 '없다'라는 뜻을 어떻게 말할 것인가? 꿈틀거리는 온갖 미물에게도 다 부처님의 성품이 있다고 하였는데 조주 스님께서는 무슨 까닭으로 '없다'라고 말씀하셨는가? 이 '없다'의 뜻이 어디에 있는지 참구하는 것이 구자무불성 화두이다.
3. 어떤 스님이 "달마 스님이 서쪽에서 온 뜻이 무엇입니까?"라고 물으니, 조주 스님은 "뜰 앞의 잣나무"라고 하였고, 「벽암록」 12칙에서 어떤 스님이 동산양개 선사에게 "어떤 것이 부처님입니까?"라고 물으니, 동산 스님은 "삼 서 근"이라고 하였으며, 「무문관」 21칙에서 어떤 스님이 "무엇이 부처님입니까?"라고 물으니, 운문 스님은 "마른 똥 막대기"라고 하였다.

주해

조사의 공안은 일천칠백 개나 된다. '개에게는 부처님 성품이 없다[狗子無佛性]' '뜰 앞의 잣나무[庭前栢樹子]' '삼 서 근[麻三斤]' '마른 똥 막대기[乾屎橛]'와 같은 것들이다. 닭이 알을 품어 따뜻한 온기를 끊임없이 지속시킨다는 것은 '끊임없이 화두를 챙겨나가야 한다'는 것을 말한다. 고양이가 쥐를 잡듯 한다는 것은 '마음먹은 목표가 흔들리지 않게 하라'는 것이다.

굶주린 이가 밥을 생각하고 목마른 사람이 물을 생각하며 어린아이가 엄마를 생각하듯 한다는 것은, 이런 것들이 다 간절한 마음에서 나오는 것이니 간절히 화두를 참구하라는 것이다. 억지로 만든 마음이 아니므로 간절한 것이니, 참선에서 이 간절한 마음이 없이 '확실하게 깨쳤다'는 것은 옳지 않은 소리이다.

14

參禪須具三要[1]이니 一은 有大信根[2]이고 二는 有大憤志이며 三은 有大疑情이라. 苟闕其一이면 如折足之鼎이어 終成廢器니라.

註解

佛云 成佛者 信爲根本이라. 永嘉云 修道者 先須立志니라. 蒙山[3]云 參禪者 不疑言句 是爲大病이라. 又云 大疑之下 必有大悟니라.

---

1. 참선 공부가 제대로 되려면 세 가지 요건을 갖추어야 한다. 첫째 요건은 스승과 화두에 대한 가르침에 큰 믿음이 있어야 한다는 것이니, 그 믿음은 수미산과 같아서 공부하는 길이 저절로 높아질 것이다. 둘째 요건은 화두를 타파하고자 하는 큰 원력이 있어야 한다는 것이니, 이 원력은 부모를 죽인 원수를 외나무다리에서 만나 바로 두 동강내려는 것처럼 바로 이 자리에서 공부를 마쳐야 하겠다는 큰 분심을 말하는 것이다. 셋째 요건은 화두에 대한 큰 의심이 있어야 한다는 것이니, 아무도 모르는 곳에 숨겨져 있는 사악한 일을 마구 폭로하고자 하는 마음처럼, 의심, 곧 진실을 알고자 하는 마음이 간절해야 한다.
2. 「기신론」에서 믿음에는 네 가지 종류가 있다고 한다. 첫째는 온갖 법의 근본을 믿는 것이니, 진여眞如인 깨달음을 즐겨 생각하라는 것이다. 둘째는 부처님에게 헤아릴 수 없이 많은 공덕이 있음을 믿는 것이니, 늘 부처님을 가까이 받들어 모시면서 착한 마음을 일으켜 '모든 것을 아는 지혜'를 구하라는 것이다. 셋째는 법에 큰 이익이 있음을 믿는 것이니, 늘 모든 보살행을 수행하라는 것이다. 넷째는 스님들은 바른 수행을 함으로써 자신은 물론 다른 사람도 이롭게 해줄 것을 믿는 것이니, 늘 수행하는 모든 보살들을 기꺼이 가까이 하고 실다운 행을 배우라는 것이다. 이런 믿음은 탁한 물을 깨끗이 정화하는 수정주水精珠처럼 중생의 온갖 어지러운 마음을 고요하게 가라앉힌다.
3. 몽산 덕이蒙山德異(1231-?) 원元 나라 때 유명한 스님 으로 고려 스님들과 많은 교류가 있었다. 고려 말 이후 한국 불교계에 커다란 영향을 끼쳤던 이 스님이 편집한 「육조단경 덕이본」과 법어집인 「몽산화상 법어약록蒙山和尙法語略錄」은 중국 스님들이 지은 책들 가운데에서도 우리나라에 가장 많이 읽혔던 책들이다. 여기서 인용된 글의 원전도 「몽산법어」이다.

14장. 참선에는 세 가지 요건을 갖추어야

참선 공부는 모름지기 세 가지 요건을 갖추어야 하니, 첫째는 큰 믿음이고, 둘째는 큰 분심이며, 셋째는 큰 의심이다. 그 가운데 어느 하나라도 빠지면 다리 부러진 삼발이 솥과 같아서, 아무리 열심히 공부해 봐도 이루어지지 않는다.

주해

부처님께서 말씀하셨다.
"부처가 되는 일에 믿음이 근본이다."

영가(665-713) 스님이 말하였다.
"도를 닦는 사람은 먼저 뜻을 세워야 한다."

몽산 스님이 말하였다.
"참선하는 사람들이 화두를 의심하지 않는 것이 제일 큰 병이다."
"크게 의심하는 데에 반드시 큰 깨달음이 있다."

15

日用應緣處에

只擧狗子無佛性[1]話하여

擧來擧去 疑來疑去하다가

覺得 沒理路하고 沒義路하며

沒滋味하여

心頭熱悶時

便是當人放身命處이며

亦是成佛作祖底基本也이니라.

---

1. **구자무불성**狗子無佛性 여러 가지 견해가 있겠지만 간화선은 당나라 조주(778 - 897) 스님의 '개에게는 불성佛性이 없다'라는 '구자무불성狗子無佛性' 공안에서부터 시작되었다고 본다.
조주 스님은 당나라 사람으로 어려서 출가하여 남전 보원南泉普願 스님 밑에서 이십 년 동안 머물렀고, 그 뒤 여러 스님들을 찾아다니면서 공부를 하였다. 여든 살에 대중들의 간절한 청을 받아들여 조주의 관음원에서 머물면서 사십 년 동안 공부하는 사람들을 맞이하여 가르치며 선풍을 크게 드날렸다. 북쪽에서 남종선南宗禪의 가풍을 크게 떨치던 스님은 백스무 살에 입적하였다. 시호를 진제 대사眞際大師라고 받았고 저서로는 『진제대사어록眞際大師語錄』 3권이 남아 있다. 그의 가르침이 참으로 컸으므로 사람들은 그를 '조주 고불趙州古佛'이라고 불렀다.

15장. 개에게도 불성이 있습니까

날마다 맞이하는 인연 속에서
다만 "개에게는 불성이 없다"라는 화두만 들어
오고 가며 끊임없이 이것을 의심하다가
이치로도 알 수 없고 뜻으로도 알 수 없으며
아무 재미도 느껴지지 않아
마음이 뜨거워지고 답답해질 때

바로 이 자리가 목숨을 놓아 버릴 곳이며
또한 부처가 되고 조사가 되는 기본이 된다.

註解

僧問趙州

狗子還有佛性也無리오.

州云

無.

此一字子 宗門之一關이며

亦是摧許多惡知惡覺底器仗이며

亦是諸佛面目이며

亦是諸祖骨髓也라.

須透得此關然後라야 佛祖可期也라

古人頌云

趙州露刃劒

寒霜光燄燄

擬議問如何

分身作兩段.

주해

어떤 스님이 조주 스님에게 물었다.
"개에게도 불성이 있습니까?"
조주 스님은 대답하였다.
"없다."

이 한 마디는 종문宗門의 한 관문이며
못된 지견을 꺾는 무기이기도 하며
모든 부처님의 얼굴이기도 하며
모든 조사 스님들의 골수이기도 하다.

이 관문을 뚫은 뒤에서라야 부처님이나 조사 스님이 될 수 있다.

오조 법연 스님은 게송으로 말한다.

시퍼렇게 날이 잘 선 조주 스님 칼
찬 서릿발 기운처럼 번뜩이는데
이리저리 무어라고 물을라치면
그 자리서 몸뚱이가 두 동강 나리.

16

話頭에

不得擧起處承當하고

不得思量卜度하며

又不得將迷待悟하라.

就不可思量處에 思量하면 心無所之

如老鼠入牛角¹ 便見倒斷也라.

又 尋常 計較安排底 是識情²이고

隨生死遷流底 是識情이며 怕怖慞惶底 是識情인데

今人 不知是病일새 只管在裡許 頭出頭沒³하나니라.

---

1. **노서입우각老鼠入牛角** 중국 남쪽에 사는 물소의 뿔은 매우 길어 쥐를 잡는 기구로 쓰인다. 쥐가 먹을 것을 욕심내어 그 속에 들어가면 빠져나올 길이 없다고 한다. 들어갈수록 좁고 구부러져 돌아 나올 수 없기 때문이다.
2. **식정識情** '식심識心'이니 망념과 같은 말인데 분별을 일으키는 알음알이를 말한다.
3. 화두 참구하는 자신의 모습을 돌아보며 생각해보아야 할 점을 고봉 스님은 「선요」에서 다음과 같이 말하고 있다.
   "첫째, 전생에 닦아 놓은 지혜가 없었던 것은 아닌가? 둘째, 눈 밝은 스승을 만나지 못한 것은 아닌가? 셋째, 하루 공부하고 열흘 놀았던 것은 아닌가? 넷째, 근기가 시원찮아 의지가 약한 것은 아닌가? 다섯째, 번뇌 망상에 푹 빠져 있는 것은 아닌가? 여섯째, 고요한 경계에 걸려 꽉 막혀 있는 것은 아닌가? 일곱째, 쓸모없는 생각만 하고 있는 것은 아닌가? 여덟째, 시절인연이 아직 도래하지 않은 것은 아닌가? 아홉째, 화두를 의심하지 않고 있는 것은 아닌가? 열째, '얻지 못한 것을 얻었다 하고 증득하지 못한 것을 증득했다'라고 말하고 있는 것은 아닌가?"

16장. 화두 참구에 열 가지 병이 있으니

화두를 챙기는 자리에서
무엇을 알아차리려고 해서도 안 되고
뜻으로 헤아려 짐작해서도 안 되며
어리석게 어떤 깨달음을 기다려서도 안 된다.

헤아릴 수 없는 곳에서 헤아리면 마음 갈 곳 없는 것이
마치 구부러진 쇠뿔 속으로 들어가던 쥐가
더 나아갈 곳이 없어 낭패를 당하는 것과 같다.

또 언제나 이리저리 따지는 일은 중생의 알음알이고
생사에 끌려 다니는 것도 중생의 알음알이며
두려워서 갈팡질팡 하는 일들도 중생의 알음알이인데

요즈음 사람들이 이 병을 잘 알지 못하므로
다만 그 속에서 부질없이 죽고 나고 할 뿐이다.

註解

話頭에 有十種病하니

曰 意根下卜度이요

曰 揚眉瞬目處垜根이요

曰 語路上作活計요

曰 文字中引證이요

曰 擧起處承當이요

曰 颺在無事匣裡요

曰 作有無會요

曰 作眞無會요

曰 作道理會요

曰 將迷待悟也라.

離此十種病者

但擧話頭時 略抖擻精神하여

只疑是個甚麼니라.

주해

화두 참구에 열 가지 병이 있으니

첫 번째는 뜻으로 헤아려 짐작하려는 병이요
두 번째는 눈을 꿈쩍거리고 눈썹을 치켜세우는 일상생활의 경계에 집착하여 이것을 진리라고 고집세우는 병이요
세 번째는 말의 논리로 살 길을 찾는 병이요
네 번째는 어떤 글을 끌어다 깨달음을 증명하려는 병이요
다섯 번째는 화두를 챙기는 자리에서 무엇을 알아차리려고 하는 병이요
여섯 번째는 화두 챙긴다고 그럴싸하게 앉아 있기만 하는 병이요
일곱 번째는 유有나 무無의 알음알이로 깨달았다고 하는 병이요
여덟 번째는 아무 것도 없는 것으로 깨달았다고 하는 병이요
아홉 번째는 어떤 도리로 깨달았다고 하는 병이요
열 번째는 어리석게 깨달음을 기다리는 병이다.

이 열 가지 병을 떠난 사람은
화두를 챙길 때 정신 차려
오로지 '이것이 뭐꼬?'를 의심할 뿐이다.

17

此事는 如蚊子 上鐵牛하여 更不問 如何若何하고

下嘴不得處 棄命一攢하여 和身透入이라.

註解

重結上意하여 使參活句者 不得退屈케하니라.

古云하되

參禪은 須透祖師關[1]이요

妙悟는 要窮心路絶이라.

---

1. **조사관祖師關** 화두를 타파하여 깨달음을 얻게 되는 곳은 어떤 문자로도 설명할 수 없는 불립문자不立文字의 영역이요, 어떤 개념을 가지고도 가르칠 수 없는 교외별전敎外別傳의 영역이라고 하였다. 이 부처님의 영역에 들어가려면 중생의 영역에서 일어나는 모든 시비와 분별을 다 떨쳐버려야 한다고 했다. 간화선에서는 이 영역에 들어가기 위하여 화두를 참구한다. 작고 연약한 모기가 무쇠 몸을 뚫는다는 것이 보통 상식으로는 불가능한 일이듯, 늘 시비와 분별을 일삼고 살아가는 중생이 모든 생각을 끊고 화두에 몰입한다는 것도 어떻게 보면 불가능한 일이다. 불가능해 보이는 불가사의한 일을 해내려면 고도의 정신집중이 필요하다. 정신일도하사불성精神一到何事不成이란 말도 있듯이, 시비 갈등으로 흐트러진 마음이 하나로만 모아진다면 어떤 일인들 이루지 못할 것인가? 화두란 그런 것이다. 스승을 믿고 그 가르침을 철저히 믿는다면, 화두가 떨어지는 그 자리에서 어떤 이유도 묻지 않고 화두 속으로 들어가 화두와 하나가 되어야 한다. 화두를 타파하려는 원력이 있다면 자신의 목숨조차 돌볼 겨를이 없이 공부에 매진해 들어가야 한다. 그래야 할 일을 마친 대장부가 되지 그렇게 하지 못한다면 여전히 중생이다. 이 화두라는 조사의 관문을 '조사관'이라고 한다.

17장. 조사의 관문을 뚫어야

화두를 챙기는 일은 마치 작고 연약한 모기가
무쇠 소에 올라타 다시 어떤 이유도 묻지 않고
주둥이도 댈 수 없는 무쇠 몸을 목숨 걸고 단숨에 뚫어
통째로 자신의 몸이 무쇠 속으로 쑤욱 들어가는 것과 같다.

주해

앞에 말한 뜻을 거듭 다져 활구를 참구하는 사람들이
공부에서 물러나지 않게 한 것이다.

옛 어른께서 이르셨다.

참선이란 모름지기 조사의 관문을 뚫어야 할 것이요
오묘한 깨달음이란 마음 길이 다 끊어져야 할 것이다.

18

工夫란 如調絃之法하듯

緊緩得其中[1]이라.

勤則 近執着하고

忘則 落無明이라.

惺惺歷歷으로 密密綿綿이어다.

註解

彈琴者曰 緩急得中然後라야 淸音普矣라. 工夫도 亦如此하니 急則 動血 囊하고 忘則 入鬼窟이니 不徐不疾하여야 妙在其中이니라.

---

1. 부처님 제자 가운데 '소오나'라는 비구가 있었다. 그는 밤에도 잠을 자지 않고 언제나 열심히 공부를 하였지만 공부에 진전이 없고 깨치지를 못하자 자신의 처지를 비관하게 되었다. 어느 날 부처님께서는 그의 마음을 알고 불러 물으셨다.
"네가 출가하기 전에 거문고를 타본 일이 있느냐?" "예, 타본 적이 있습니다." "거문고 줄을 너무 조이면 어떤 소리가 나오더냐?" "날카롭게 끊어지는 소리가 납니다." "너무 느슨하게 해 놓으면 어떤 소리가 나오더냐?" "소리가 아예 나오지를 않습니다." "어떻게 해야 소리가 잘 나올 수 있겠느냐?" "줄을 너무 느슨하거나 팽팽하지 않게 해 놓아야 소리가 제대로 나옵니다." "그렇다. 공부도 그와 같다. 공부를 너무 서두르면 들떠서 병이 나기 쉽고 너무 늦추면 게을러져서 공부에 진전이 없다. 그러니 공부에 너무 집착해서도 안 되고 너무 게을러서도 안 된다. 평소에 꾸준히 정진해야만 한다."
소오나는 부처님의 이런 가르침을 듣고, 그 날부터 거문고의 줄을 고르듯이 공부를 꾸준히 하여 마침내 깨달음을 얻었다고 한다. 이 이야기는 「잡아함경」 9권 「이십억이경二十億耳經」에 나온다.

18장. 느슨하거나 팽팽하지 않게

공부란 현악기의 줄을 고르듯
느슨하거나 팽팽하지 않게 중심을 잡아야 한다.

공부에 너무 애를 쓰면 집착에 가깝고
공부를 잊어버리면 어둠에 떨어진다.

마음이 깨어 있는 또렷한 의식으로
끊임없이 차근차근 공부를 챙겨야 한다.

주해

거문고 타는 사람이 말하였다. 느슨하거나 팽팽하지 않게 줄의 중심을 잡은 뒤라야 맑고 아름다운 소리가 고르게 난다. 화두 공부도 이와 같으니 너무 조급하면 상기上氣 되는 병이 생기고 잊어버리면 깜깜한 귀신 굴에 들어앉게 된다. 늦추거나 서둘지 않는 가운데 오묘한 깨달음이 있다.

19

工夫에

到行不知行하고
坐不知坐하니

當此之時 八萬四千魔軍이
在六根門頭 伺候라가
隨心生起하니
心若不起라면
爭如之何이리오.

19장. 마음이 흔들리지 않는다면

화두를 열심히 챙기므로

걸어도 걸어가는 줄 모르고
앉아도 앉아있는 줄 모르게 되니

이때에 팔만 사천 마군들이
보고 듣는 온갖 경계에서 틈을 엿보다가
마음 가는 곳을 따라 온갖 계책을 꾸미지만
마음이 그 경계에 흔들리지 않는다면
마군들이 어떻게 해 보겠느냐?

註解

魔軍者 樂生死^{1}之鬼名也라. 八萬四千^{2}魔軍者 乃衆生八萬四千煩惱也라. 魔本無種인데 修行失念者 遂派其源也니라.

衆生은 順其境故로 順之하고 道人은 逆其境故로 逆之하니
故로 云하되 道高魔盛也라.

禪定中 或見孝子而斫股^{3}하고 或見猪子而把鼻者^4 亦自心起見인데 感此外魔也니라. 心若不起則 種種伎倆도 飜爲割水吹光也라. 古云하되
壁隙風動 心隙魔侵.

---

1. **생사**生死 생사는 범어 'saṃsāra'나 'jāti-maraṇa'의 내용을 말하는데 쳇바퀴처럼 돌고 도는 윤회輪迴라는 뜻을 갖고 있다. 이기적인 마음으로 옳고 그름을 분별하는 업 때문에 중생이 지옥 아귀 축생의 몸으로 바뀌면서 육도에서 나고 죽는 삶이 끊임없이 이어지는 쳇바퀴처럼 되풀이 되며, 그 괴로움이 끝이 없다는 것이다. 쳇바퀴처럼 되풀이 되는 중생의 생사는 그 끝이 없어 그 양을 헤아릴 수 없으므로 이를 바다에 비유하여 '생사의 바다'라고 부른다. 중생의 생사란 괴로움이 가득 차 있는 세상이므로, 이것을 비유해 '생사고해生死苦海'라고 부르기도 한다. 이 생사는 바깥 경계에 흔들리는 마음이요, 이 마음이 바로 마군이다.
2. **팔만사천**八萬四千 경전에 많이 인용되는 말인데 중생의 번뇌가 팔만 사천 갈래라는 뜻이다. 그러므로 번뇌를 따라 일어나는 마군의 수효도 팔만 사천이고, 이 번뇌를 다스리는 법문도 팔만 사천이다. 인도에서는 많은 수효를 말할 때 이런 표현을 썼다. 이것을 줄여 팔만이라고 한다. 대장경을 일러 '팔만대장경'이라고 한 것도 여기에서 비롯된 말이다.
3. 옛날에 참선하는 스님이 깊은 산중에서 좌선을 하고 있을 때였다. 선정 속에서 어떤 젊은이가 여자 송장을 메고 찾아와 슬피 울면서 "네가 왜 내 어머니를 죽였느냐?"라고 고래고래 소리를 지르며 달려들었다. 스님은 이 광경을 마구니 장난이라고 생각하고 그들을 쫓아내려고 도끼로 내려찍었다. 상주는 놀라서 달아났지만 스님의 넓적다리가 축축해지는 것이었다. 넓적다리를 보려다가 선정에서 깨어나니 넓적다리에 붉은 피가 흐르고 있고 손에는 도끼를 들고 있었다.
4. 어떤 스님이 선정 속에 들어 있는데 갑자기 성난 멧돼지 한 마리가 나타나서 달려들었다. 스님은 공부를 방해하는 마구니라고 생각하고는 멧돼지의 코를 잡고 비틀면서 "멧돼지가 나타났다."라고 소리 질렀다. 바깥에서 일하고 있던 일꾼이 그 소리를 듣고 달려와 보니 스님이 자신의 코를 잡고 비틀면서 그렇게 소리를 지르고 있었다.

주해

마군이란 생사를 좋아하는 귀신들의 이름이다.
팔만 사천 마군이란 중생의 팔만 사천 번뇌이다.

마魔는 본디 근본이 없는 것인데
수행자가 바른 생각을 잊는 데서 그 싹이 움트는 것이다.

중생은 그 환경을 따라 흘러가므로 별 탈이 없고
도인은 그 환경을 거스르게 되므로 마가 대드니
그러므로 "도가 높으면 마군이 치성하다."고 말한다.

선정 속에서 송장 메고 온 상주를 보고는 자신의 넓적다리를 도끼로 찍거나 혹 멧돼지를 보자 자신의 코를 잡아 비틀거나 하는 것은, 모두 자신의 마음을 일으켜서 보는 것인데, 이것은 바깥에서 자기를 치는 마군으로 잘못 알고 그 경계에 반응했기 때문이다. 경계에 마음이 흔들리지 않는다면 마군이 부리는 온갖 재주들도, 칼로 물을 베듯 빛에 바람을 일으키듯, 아무 쓸모가 없다.

옛 어른은 말한다.

벽에 틈이 있으면 바람이 들어오고
마음에 틈이 생기면 마군이 침범한다.

20

起心是天魔[1]이고 不起心是陰魔[2]이며 或起或不起是煩惱魔[3]이다.

然이나 我正法中에 本無如是事니라.

註解

大抵 忘機是佛道요 分別是魔境.

然이나 魔境夢事이니 何勞辨詰이리오.

---

1. **천마天魔** 공부를 하다보면 마魔가 좋은 경계나 나쁜 경계로 나타나서 방해를 놓기도 하는데, 이것을 마군魔軍이나 마구니 경계라고 부른다. '마'는 범어 'māra'를 소리 그대로 표현한 '마라'를 줄여서 말한 것인데, '생명을 빼앗다' '방해하다'의 뜻이다. 또 '악마'라고 하기도 하는데 '우리들의 목숨과도 같은 부처님의 지혜'를 빼앗으려고 수행자의 공부를 방해하는 나쁜 귀신으로 볼 수 있기 때문이다.
   이 '마'는 자신의 몸과 마음에서 생겨나는 내마內魔와 바깥 경계에서 오는 장애인 외마外魔로 나누기도 한다. 내마는 '사마死魔' '음마' '번뇌마'를 말하고 외마는 '천마'를 말한다. 사마는 '죽음'이라는 마구니를 말한다. 땅과 물, 불, 바람이라는 네 가지 인연이 모여 만들어진 사람의 몸은 그 인연이 흩어지면 죽게 된다. 죽게 되면 '수행자의 목숨과도 같은 부처님의 지혜[慧命]'를 닦아갈 수 없으니, 이 '죽음'을 마구니라고 부르는 것이다. '천마'는 수행자들이 부처님의 법을 알면 제가 설 자리가 없기 때문에 온갖 협박과 유혹으로 공부를 방해한다. 무서운 용이나 범으로 나타나 공포감을 조성하거나 늦은 밤에 젊고 아름다운 여인의 모습으로 수행자의 마음을 어지럽힌다. 전생에 지어놓은 잡스런 복덕으로 삿된 견해를 갖추게 된 천마는 부처님의 다이아몬드와 같은 지혜를 두려워하기 때문이다.
2. **음마陰魔** 음마는 덧없이 무너질 몸에 집착하게 함으로써 수행자의 공부를 방해한다. '음陰'은 '오음五陰'을 줄여 말한 것이고 오음은 '오온五蘊'의 다른 표현이다. 그러므로 음마는 '오음마'나 '오온마'라 부를 수도 있다. 이 몸과 알음알이 마음작용은 무상無常하여 그 실체가 없는 것인데도 불구하고, 중생들은 있는 것이라고 집착하여 오온에 구속되니, 이 오온이 마구니가 되어 온갖 괴로움이 다 여기에 꼬여든다.
3. **번뇌마煩惱魔** 번뇌마는 중생들이 갖고 있는 온갖 번뇌를 마구니로 표현한 것이다. 온갖 경계에 대하여 끊임없이 시비하고 분별하며 사는 중생들은 끝내 깨달음을 얻지 못한다.

20장. 마군 경계는 꿈같은 일

신통이나 좋은 경계로 일어나는 것은 '천마'이고
마음이 가라앉는 나쁜 경계로 일어나는 것은 '음마'이며
좋은 경계와 나쁜 경계로 번갈아 일어나는 것은 '번뇌마'이다.

그러나 바른 법 가운데에는 본디 이와 같은 일들이 없다.

주해

대저 모든 경계에 무심한 것이 부처님의 도요
알음알이로 분별하는 것은 마魔의 경계이다.

그러나 마군魔軍의 경계는 꿈같은 일이니
수고롭게 더 따질 필요가 있겠느냐?

21

工夫 若打成一片[1]則

縱今生透不得이라도

眼光落地之時 不爲惡業所牽하리라.

註解

業[2]者 無明[3]也요 禪者 般若也니 明暗不相敵은 理固然也니라.

1. **타성일편打成一片** '타打'는 '성成'이라는 행위를 나타내는 동사의 뜻을 강조하는 접두사로서 '타성打成'은 '만들어진 것, 이루어진 것'을 말하고, '일편一片'은 '나무 파편 한 조각'으로 풀이되지만 여기서는 '한 덩어리'의 의미로 쓰인다. 따라서 '타성일편'은 화두를 참구하는 사람의 생각이나 감정이 화두에 집중되어 '화두와 한 덩어리가 된 것'을 말한다. 그러므로 선가에서 말하는 타성일편은, 화두와 하나가 되어 알음알이로 분별하는 모든 마음을 없애고 온갖 차별을 한 덩어리로 만들어 너와 나, 이것과 저것, 주主와 객客이 사라져서 달리 차별하는 마음이 없어졌다는 것이다. 이것은 곧 수행이 완성되었거나 화두 공부가 무르익어 수행이 완성될 즈음에 이르렀다는 뜻이다.
2. **업業** 범어 'karman', 빨리어 'kamma'를 번역한 말인데 조작한다는 뜻이다. 음역音譯으로는 '갈마羯磨'라고 한다. 그 뜻은 행위, 행동, 작용, 의지 등으로서 몸과 마음의 활동 전체를 말한다. 보통 신구의身口意 삼업三業이라고도 하는데, '업'에는 좋은 일을 하면 좋은 과보를 받고 나쁜 일을 하면 나쁜 과보를 받는다는 인과응보因果應報의 사상이 들어 있다. 이 사상은 미래의 우리 삶을 결정하는 데 있어 '사람들이 어떻게 살아야 할 것인가'를 일러주는 아주 중요한 윤리적 도덕적 근거가 되기도 한다. 그러나 이 업業을 불교에서는 무명이라고 한다. 좋고 나쁨을 판단하는 일에는 분별하는 주체와 대상이 있게 되는데, 이런 주체를 만들고 있는 것이 무명에 근거하고 있다고 보기 때문이다.
3. **무명無明** 범어 'avidyā', 빨리어 'avijjā'의 번역으로서 번뇌의 또 다른 이름인데 '있는 그대로의 진실'을 보지 못한다는 뜻이다. 이 무명에서 온갖 번뇌가 비롯되기 때문에 '모든 번뇌의 근본'이라고 한다. 이 무명에서 모든 경계나 그 도리의 공성空性을 제대로 알지 못하기 때문에 온갖 번뇌가 일어난다는 것이다. 따라서 중생의 모든 업은 보이지 않는 어두운 무명이 그 뿌리가 된다. 이 어두운 뿌리를 제거하기 위해서는 간화선에서는 화두를 참구하여 화두와 한 덩어리가 되어 주객主客이 사라지는 깨달음으로 빛나는 반야지혜를 드러내야 한다고 한다.

21장. 화두 공부가 무르익었다면

화두 공부가 무르익었다면
금생에 깨치지 못하더라도
마지막 눈을 감을 때
나쁜 업에 끌려가지는 않으리라.

주해

업業이란 어두운 무명이요
선禪이란 밝은 지혜이니
어두운 무명과 밝은 지혜가 마주 볼 수 없는 것은
너무나도 당연한 이치이다.

22

大抵參禪者

還知四恩深厚麼아.

還知四大醜身[1] 念念衰朽麼아.

還知人命在呼吸麼아.

生來值遇佛祖麼아.

及聞無上法 生希有心麼아.

不離僧堂守節麼아.

不與隣單雜話麼아.

切忌鼓扇是非麼아.

話頭 十二時中 明明不昧麼아.

對人接話時 無間斷麼아.

見聞覺知時 打成一片麼아.

---

1. **사대四大** 우리 몸은 지地·수水·화火·풍風 네 가지 요소가 합하여 만들어졌다. 사람이 죽으면 머리털과 손톱, 치아와 살갗, 근육과 뼈, 골과 뇌 등으로 만져지는 모든 것은 썩어서 땅[地]으로 돌아가고, 콧물과 피고름, 침과 눈물, 정액과 대소변 등으로 손에 적셔지는 축축한 모든 것은 물[水]로 돌아가며, 몸의 따뜻한 기운은 불기운[火]으로 돌아가고, 들숨과 날숨같이 몸속에서 움직이는 모든 기운은 바람[風]으로 돌아간다. 몸이 저마다 사대로 흩어진다면 지금 허망한 이 몸은 어디에 있겠는가?

22장. 참선하는 사람들이 점검할 일

대저 참선하는 사람들은 언제나 생각해야 한다.

부모, 임금, 스승, 시주의 은혜가 깊고도 두텁다는 것을 알고 있는가?
땅, 물, 불, 바람의 기운으로 이루어진 추한 몸이 끊임없이 썩고 있음을 알고 있는가?
사람의 목숨이 들숨과 날숨 사이에 있음을 알고 있는가?
이 세상에 와 부처와 조사를 만나고 있음을 알고 있는가?
높고도 깊은 거룩한 법문을 듣고 참으로 귀한 법이라는 마음을 낸 적이 있는가?
수행터를 떠나지 않고 공부하는 수행자의 절개를 지키고 있는가?
곁에 있는 사람들과 쓸데없이 잡담만 하고 있지 않는가?
어깨를 툭 치면서 시비하는 일들을 간절히 꺼리고는 있는가?
오가는 삶 속에서 화두를 분명히 챙기고 있는가?
사람들과 이야기를 나눌 때 화두가 끊어진 적은 없는가?
보고 듣고 느낄 때도 화두가 하나로 영글어져 있는가?

返觀自己 捉敗佛祖麼아.

今生決定 續佛慧命麼아.

起坐便宜時 還思地獄苦麼아.

此一報身 定脫輪廻麼아.

當八風境 心不動麼아.

此是參禪人

日用中 點檢底道理니라.

古人이 云하되

此身不向今生度면

更待何生度此身이리오.

자기를 돌이켜서 부처와 조사의 경계를 무너트릴 수 있겠는가?
금생에 부처의 지혜를 반드시 잇겠다고 굳게 다짐하고 있는가?
앉고 눕고 편할 때에 지옥의 고통을 생각하고 있기는 하는가?
이 육신으로 반드시 윤회의 고통을 벗어날 수 있겠는가?
팔풍八風의 경계에서 마음이 흔들리고 있지는 않은가?

이런 내용들은 참선하는 사람들이
일상사 생활 속에 점검할 도리이다.

옛 어른이 말하였다.

이 몸을 금생에 제도하지 않는다면
어느 생에 이 몸을 제도할 것인가?

註解

四恩者 父母君帥施主恩也니라.

四大醜身者

父之精一滴 母之血一滴者니 水大之濕也이고

精爲骨 血爲皮者 地大之堅也이며

精血一塊 不腐不爛者 火大之暖也이고

鼻孔先成하여 通出入息者 風大之動也니라.

阿難曰

欲氣麤濁하여 腥臊交遘니라하듯

此所以醜身也라.

念念衰朽者

頭上光陰이 刹那不停일새

面自皺而髮自白이라.

如云에

今旣不如昔이니 後當不如今이라.

此無常之體也니라.

주해

네 가지 은혜란 부모, 임금, 스승, 시주의 은혜를 말한다.

지수화풍 기운으로 이루어진 추한 이 몸이란 무엇을 말하는가?
아버지 정수 한 방울과 어머니 피 한 방울은 축축한 물의 기운이고
정자는 뼈가 되고 피가 가죽이 되는 것은 단단한 땅의 기운이며
정자와 피가 한 덩어리가 되어도 썩어 문드러지지 않는 것은 따뜻한 불의 기운이고
콧구멍이 먼저 생겨 들숨과 날숨의 통로가 됨은 움직이는 바람의 기운이다.

아난 존자가 "욕망의 기운이 거칠고 탁하여 더럽고 비린 것이 서로 어울려 뭉친다."라고 말했듯이,
이것이 추한 몸이라고 말하는 까닭이다.

끊임없이 썩고 있다는 것은
머리 위에서 한순간도 세월이 멈추지 않으므로
얼굴에 주름살이 잡히고 머리털이 저절로 희어지는 것이다.

이는 옛 어른이 "지금 늙어서 옛 모습과 다르니 뒷날 죽고 나면 지금의 모습 같지는 않으리라."고 말한 것과 같다.
이것이 덧없이 변하는 무상의 실체이다.

然이나 無常之鬼ᄂᆞᆫ 以殺爲戱하니

實念念可畏也라.

呼者 出息之火也요

吸者 入息之風也이니

人命寄托이 只在出入息也니라.

八風¹者

順逆二境也라.

地獄苦者

人間六十劫 泥犁一晝夜인데

鑊湯爐炭 劍樹刀山之苦를

口不可形言也라.

人身難得이

甚於海中之鍼故로

於此에 慇而警之하노라.

---

1. **팔풍**八風 세간에서 좋아하는 마음과 싫어하는 마음이 사람의 마음을 움직이게 하므로, 그 마음을 움직이는 바람에 비유하여 말한 것이 팔풍八風이다. 자기한테 돌아오는 이익과 손해, 내 뒤에서 험담하거나 칭찬하는 것, 내 앞에서 비방하거나 칭찬하는 것, 괴로운 일과 즐거운 일 이 여덟 가지 경계에 집착하여 마음이 흔들리는 것을 '팔풍'이라고 한다.

그러나 덧없이 변하는 귀신은 죽이는 것으로 오락을 삼으니
실로 순간순간이 무섭기만 하다.

날숨이란 내쉬는 숨의 불기운이요
들숨이란 들이마시는 숨의 바람기운이니
사람목숨이 붙어사는 것이 오직 들숨과 날숨 사이에 있을 뿐이다.

팔풍이란
좋은 경계와 나쁜 경계를 여덟 가지로 나누어 놓은 것이다.

지옥의 고통이란
인간세계 육십 겁이 지옥의 하루인데
지옥에서 뜨거운 쇳물이 끓고 시뻘건 숯불이 튀며
날카로운 칼들이 숲과 산을 이루어
중생에게 주는 고통을 이루 다 말로 표현할 수 없는 것이다.

사람의 몸을 받는 것이
깊은 바다에 떨어진 바늘을 찾는 것보다 더 어려우므로
여기서 그 점이 안타까워 일깨워준다.

評曰

上來法語는

如人飮水

冷暖自知니라.

聰明도 不能敵業이고

乾慧[1]도

未免苦輪이니

各須察念하여 勿以自謾이어다.

---

1. **건혜乾慧** 쓸모없는 알음알이 지혜. 생사의 이치를 알았다 하더라도 실제의 생사에는 자유자재하지 못한 지혜를 말한다.

평하여 말하기를

위에서 말한 범어는
물을 마신 사람만이
그 물이 차가운지 뜨거운지를 아는 것과 같다.

총명한 사람이라도 지어놓은 업에서 자유로울 수 없고
쓸모없는 알음알이 지혜로는
쳇바퀴처럼 이어지는 고통에서 벗어날 수 없으니
저마다 모름지기 한 생각 살펴 스스로를 속이지 말지어다.

23

學語之輩는
說時似悟이나
對境還迷하니
所謂 言行相違者也니라.

註解
此 結上自謾之意라.

言行이 相違하니
虛實을 可辨하니라.

23장. 말과 행동이 어긋나면

말만 배운 사람들은
말을 할 때 깨친 듯이 보이지만
실제의 경계를 만나면 어찌할 줄 몰라 아득하니
말하자면 말과 행동이 서로 어긋난 것이다.

주해
여기는 스스로 속이는 뜻을 매듭지었다.

말과 행동이 서로 어긋나니
진실인지 거짓인지 가릴 수 있다.

24

若欲敵生死라면

須得這一念子 爆地一破라야

方了得生死니라.

註解

爆地는

打破漆桶¹聲이니 打破漆桶然後에야 生死可敵也라

諸佛因地法行²者 只此而已니라.

---

1. **타파칠통打破漆桶** '화두를 챙기는 한 생각이 툭 터졌다'고 하는 '타파칠통打破漆桶'은 선림禪林에서 많이 쓰는 용어로서 철저하게 깨달은 상태를 말한다. 칠통은 새까만 옻을 담아두는 통을 말하는데, 오래 사용하다 보면 통 밖과 안이 모두 새까매져 본래의 색깔이 무엇인지 알 수가 없다. 아주 먼 과거부터 쌓여온 우리의 무명 번뇌가 '본래 갖고 있는 부처님의 성품'을 새까맣게 덮고 있어, 이것을 까만 칠통에 비유한 것이다. 우리들에게 어느 날 모든 망상이 사라진 큰 깨달음이 드러날 때를 '타파칠통'이라고 한다. 따라서 선종에선 '깨달음 얻는 것'을 종종 이 말로 표현한다. 「벽암록」 97칙에서도 "아무리 살피고 살펴보아도 마음 기댈 곳이 없으니 어느 곳을 향해야 밝은 구슬을 찾아볼 수 있겠는가? 칠통을 타파해야 볼 것이다[展轉沒交涉 向什麼處摸索 打破漆桶來相見]."라고 말하였다.
2. **인지법행因地法行** '깨달음을 얻고자 공부하는 과정'이라고 번역한 '인지법행因地法行'은 「원각경」에서 참 많이 쓰고 있는 용어이다. 공부해서 깨달음을 완성한 경지를 '과지果地'라고 한다면, 부처님의 씨앗을 길러 부처님의 세상으로 나아가는 과정을 '인지因地'라고 한다. 부처님의 가르침이 법法이고 그것을 그대로 실천하는 것이 행行이니, 부처님 세상으로 나아가고자 하는 삶 속에서 부처님의 가르침대로 실천하고 살아가는 것이 곧 '인지법행'이다. 화두를 참구하는 사람들에게는 '화두를 깨치는 일'만이 그들의 '인지법행'이 될 것이다.

24장. 한 생각이 툭! 터져야

중생의 생사를 해결하려면
화두를 챙기는 한 생각이 툭! 터져야
비로소 생사의 실체를 알게 된다.

주해
화두를 챙기는 한 생각이 툭! 터진다는 것은
'칠통같이 어두운 무명을 타파했다는 소리'이니
이 어두운 무명을 타파한 뒤에서야 생사의 문제를 해결할 수 있다.

모든 부처가 '깨침을 얻고자 공부하는 과정'에도
오직 이 일만이 있었을 뿐이다.

25

然이나 一念子 爆地一破然後에
須訪明師[1]하여 決擇正眼하라.

註解

此事는 極不容易하니
須生慚愧始得이어다.

道如大海이어 轉入轉深하니
愼勿得少爲足하라.

悟後에 若不見人則
醍醐[2]上味라도 翻成毒藥하리라.

---

1. 눈 밝은 스승은 만나기 어렵다고 한다. 하늘에서 겨자씨를 던져 바늘 끝에 올려놓는 것이 선지식을 만나는 일보다 더 쉽다고 하니, 인도에서 96종의 외도들이 모두 생사 해탈을 구하려고 하였지만 삿된 스승을 만남으로써 생사에 침몰한 것을 보면 알 것이다. 이 때문에 「열반경」에서 "네 가지 인연을 갖추어야 '열반의 도'를 증득할 수 있다. 첫째는 눈 밝은 스승을 가까이 해야 하고, 둘째는 바른 법을 들어야 하며, 셋째는 이치대로 생각하고, 넷째는 부처님이 설하신 대로 수행해야 한다."라고 말한다.
2. **제호醍醐** 옛날 인도에서 우유를 가지고 만드는 제품에 다섯 종류가 있었는데 그 중 제호가 품질이 뛰어나 맛이 좋고 열병에 특효약으로 쓰였다고 한다. 여기서는 수행자가 한 생각 깨칠 때 얻어지는 좋은 경계에 비유되었다.

25장. 눈 밝은 스승을 찾아가야

그러나 한 생각 깨친 뒤에는
반드시 눈 밝은 스승을 찾아가서
바르게 깨쳤는지 점검받아야만 한다.

주해

이 일은 정말 쉽지 않은 것이니
깨쳤다 해도 부끄러운 마음을 내어야 한다.

도道란 큰 바다와 같아 들어갈수록 더 깊어지니
조금 얻은 경계에 만족하지 말아야 한다.

깨달은 뒤 눈 밝은 스승을 만나지 못하면
아무리 좋은 경계라도 도리어 독약이 될 것이다.

26

古德云하되

只貴子眼正[1]일뿐

不貴汝行履[2]處니라.

---

1. 보통 사람을 평가할 때 그 사람의 행실을 보고 평가하는데, 여기서는 왜 행실보다 안목이 바른 것을 더 귀하다고 이야기하고 있는가? 이 말 뜻은 선림禪林에서 자주 언급하는 '부처도 죽이고 조사도 죽인다[殺佛殺祖]'라는 표현과도 연관이 있다. 무명과 탐욕이 깃든 '부처란 경계'까지도 뛰어넘을 수 있는 이런 근기야말로 참된 부처님이 될 수 있고, 이 경지에 들어가야 바른 안목이 열린다. 이 안목이 열리면 모든 경계가 부처님의 모습 아닌 것이 없게 된다. 이 안목이 열리고 나서 하는 행동이야말로 중생의 시비 분별을 뛰어넘는 것이니, 멋모르고 행동하는 중생들의 거친 모습과는 차원이 다르다. '눈 푸른 납자'는 무심하게 어떤 인연을 따르더라도 그 속에서 조화롭게 아름다운 성자의 삶을 만들어내기 때문이다. 이런 안목이 터지지 않고서는 어떤 행실도 중생의 행실 그것에 그칠 것이니, 중생의 행실을 따져본들 부처님 공부에는 아무런 도움이 되지 않는다. 화두를 챙겨 근본 마음자리를 바로 알고자 수행하는 사람들에게는 부처님의 세상을 바로 보는 '바른 안목'이 우선이요 공부의 핵심이다.
2. **행리行履** '행실'로 번역한 행리行履는 직접 몸으로 실천하고 살아온 과정을 말하니, 오가며 앉고 눕는 일상적 삶 전체를 가리킨다. 우리는 보통 이 일상적인 생활을 통하여 그 사람의 공부를 가늠할 수 있다. 옛날 총림에서는 해마다 봄가을 두 번, 2월 9일, 8월 9일이면 안거에 동참한 스님들의 숫자와 해제 뒤에 어떻게 공부하고 있는가를 점검하였는데, 이것을 '행리行履 조사'라고 하였고, 그 결과를 기록한 것을 '행리장行履帳'이라고 하였다. 스님들의 행실이 올바른지 잘못 살고 있는지를 평상시 점검하여 수행 생활에 경각심을 일으키고 경책하려는 뜻이었을 것이다.

26장. 안목이 바른 것이 귀할 뿐

위산(771-853) 스님이 말하였다.

자네 안목 바른 것이 귀할 뿐
그대의 행실을 보지는 않네.

註解

昔에 仰山¹이 答潙山²問云하기를

涅槃經 四十券이 總是魔說이니라.

此 仰山之正眼也라.

仰山 又問行履處에 潙山 答曰하되

只貴子眼正云云.

此 所以先開正眼而後에 說行履也라.

故로 云하되

若欲修行이면 先須頓悟니라.

---

1. **앙산** 앙산 혜적仰山慧寂(803-887)은 위산 스님의 법을 이어받아 중국 선종의 거대 산맥인 오가칠종五家七宗의 하나에 해당되는 위앙종의 창시자가 된 분이다. 위산은 영우靈祐 스님이 머물던 산 이름이고, 앙산은 혜적慧寂 스님이 머물던 산 이름이다.
2. **위산** 중국 당나라 시대 위산 영우(771-853) 스님은 열다섯 살에 출가하여 스물셋 되던 해에 백장(720-814) 선사 밑에 가서 공부하였다. 어느 추운 겨울날 방장실에서 밤늦도록 공부 이야기를 하다가, 백장 스님이 "화로에 불이 있느냐?"라고 묻기에, 대강 화로 속을 뒤지다가 "없습니다."라고 대답하였다. 이에 백장 스님이 손수 화로 속을 깊이 뒤져서 작은 불씨 하나를 꺼내 들고 "이게 불이 아니고 무엇이냐?" 하고 물으니, 그 순간에 위산 스님이 크게 깨쳤다고 한다. 뒷날 위산 스님과 그의 법을 이은 앙산 스님의 첫 머리 글자를 따와 위앙종潙仰宗이 만들어졌으니, 위산 스님은 중국 선종의 거대 산맥인 오가칠종의 하나에 해당되는 위앙종의 창시자가 되었다.

주해

옛날 앙산(803-887) 스님이 위산(771-853)의 물음에 대답하였다.
"「열반경」 40권이 다 마군 이야기들입니다."

이것이 그 분의 바른 안목이다.

앙산 스님이 지난날 살아온 모습에 대하여 묻자 위산은 대답하였다.
"자네 안목 바른 것이 귀할 뿐 그대의 행실을 보지는 않네."

이것이 바른 안목을 먼저 연 뒤에 행실을 말해야 되는 까닭이다.

그러므로 말한다.
"올바른 수행을 하려면 먼저 단숨에 깨쳐야 한다."

27

願諸道者

深信自心하여

不自屈 不自高하라.

註解

此心平等하여 本無凡聖이라.

然이나 約人에 有迷悟凡聖也이니라.

因師激發에

忽悟眞我與佛無殊者 頓也이니 此所以不自屈이라

如云 本來無一物也라.

因悟斷習 轉凡成聖者 漸也이니

此所以不自高라 如云 時時勤拂拭[1]也니라.

---

1. 신수 스님의 게송 전문은 다음과 같다. 오조 스님은 이 게송을 두고 아직 본성을 보지 못했다고 하였다. 도가 있는 문 밖에 도달했을 뿐 도가 있는 문안에는 들어가지 못했다는 것이다.
   身是菩提樹　이 몸은 깨달음을 얻는 나무요
   心如明鏡臺　내 마음은 맑은 거울 깨끗한 경계
   時時勤拂拭　몸과 마음 부지런히 털고 닦아서
   勿使惹塵埃　번뇌 망상 일어나지 않게 하여라.

27장. 굽히지도 말고 높이지도 말라

바라건대 공부하는 사람들은 모두
자신의 참마음을 깊이 믿어
자신을 굽히지도 말고 높이지도 말라.

주해
이 마음은 평등하여 본디 범부와 성인이 따로 없다.
그러나 사람에게는 어리석은 범부와 깨달은 성인이 있다.

스승의 가르침에서
홀연 '참나'가 '부처'와 다를 게 없음을 깨치는 것은 돈오이니
이것이 자신을 굽히지 말아야 하는 까닭이다.
이는 "본래 한 물건도 없다."라고 한 육조 스님의 말과 같다.

부처의 세상을 안 뒤 나쁜 버릇을 끊고
범부가 성인이 되는 것은 점수이니
이것이 자신을 높이지 말아야 하는 까닭이다.
이는 "끊임없이 부지런히 번뇌를 닦아 없애라."고 한 신수 스님의 말과 같다.

屈者도 敎學者 病也요 高者도 禪學者 病也니라.

敎學者는 不信 禪門에 有悟入之秘訣하니

深滯權敎[1] 別執眞妄하여 不修觀行하고 數他珍寶故로 自生退屈也라.

禪學者는 不信 敎門에 有修斷之正路하니 染習雖起라도 不生慙愧라

果級雖初라도 多有法慢故로 發言過高也라.

是故로 得意修心者는 不自屈 不自高也니라.

評曰

不自屈不自高者는 略擧初心 因該果海[2]則 雖信之一位也라도

廣擧菩薩 果徹因源[3]則 五十五位[4]也니라.

---

1. 권교權敎 임시방편으로 중생의 근기에 맞추어 주는 가르침이다.
2. 인해과해因該果海 인因은 시작이고 과果는 결말인데, 처음 시작을 어떻게 하느냐에 따라 그 결과가 다르게 나타나니, 작은 인因 속에는 드러날 많은 과果가 이미 들어 있다는 뜻이다. 예를 들어 복숭아씨를 심으면 나중에 씨앗이 커서 복숭아꽃이 피고 먹음직스러운 복숭아가 주렁주렁 달리는데, 시작은 작은 씨앗이었지만 이미 그 씨앗 속에는 해마다 많은 꽃을 피우고 풍성한 열매를 맺을 결과물이 들어있는 것과 같다. 이처럼 공부할 때도 자신의 참마음이 부처님인줄 알고 화두를 챙겨가다 보면, 이 공부 속에 어느 날 나도 모르게 부처님의 세상으로 들어갈 날이 있을 것이니, 굳이 자신을 중생이라고 낮추고 이 공부에서 물러날 필요가 없다는 것이다.
3. 과철인원果徹因源 복숭아씨가 해마다 많은 꽃을 피우고 열매를 맺으려면 오랜 시간에 걸쳐 적절한 양의 물과 태양의 빛이 필요하다. 꽃과 열매는 그 과果를 가져오는 씨앗과 적절한 양의 물과 태양의 빛이란 인因이 있어야 만들어지기 때문이다. 어떤 결과물이 그냥 주어지는 것이 아니라, 알고 보면 그 결과물을 가져오게 하는 원인이 반드시 있었다는 것을 철저히 살펴보는 것, 이것이 과철인원果徹因源이다.
4. 오십오위五十五位 보살이 공부하여 성불成佛한 결과를 가져온 그 과정에는 수없이 많은 단계가 있겠지만, 이것을 대략 정리하여 「능엄경」에서는 십신十信·십주十住·십행十行·십회향十廻向·사가행四加行·십지十地 55단계로 나누고 있다. 참선이 최고라고 하면서도 부처님의 가르침을 제대로 알지 못하여 법답게 살지 못하는 사람들은, 자기를 턱없이 높이지 말고 공부의 인과를 분명히 알고 공부해야 할 것이다.

굽히는 것은 교학자의 병통이요 높이는 것은 선학자의 병통이다.

경전을 보는 사람들은 선문(禪門)에 깨달아 들어가는 비결이 있음을 믿지 않으니, 방편에 깊이 빠져 '참 아니면 거짓'에 따로 집착하여 마음을 닦지 않고 다른 사람의 보배만 헤아리므로 저절로 공부에서 뒷걸음질을 친다.

참선하는 사람들은 '경전 속에 나쁜 버릇을 끊는 바른 길이 있음을 믿지 않으니, 나쁜 짓을 저질러놓고도 부끄러운 마음을 내지 못한다. 공부한 정도가 유치한데도 '참선한다는 오만한 마음'이 많으므로 입 밖에 내는 말이 터무니없이 교만하다. 이 때문에 올바른 뜻을 알고 마음을 닦는 사람들은 자신을 굽히지도 말고 높이지도 말아야 한다.

평하여 말하기를

자신을 굽히지도 말고 높이지도 말라는 것은, 간단하게는 공부하는 첫 마음에 바다처럼 넓은 부처의 세상이 들어있다는 것이고, '믿는 마음 한 자리'일지라두 널리 보살 수행의 결과를 가져왔던 그 과정을 빠짐없이 살핀다면 55단계의 수행 과정이 그 속에 들어 있다는 것이다.

28

迷心修道
但助無明.

註解

悟若未徹이면
修豈稱眞哉이리오.

悟修之義는
如膏明相賴[1]이고
目足相資니라.

---

[1] 함허 득통 스님도 「원각경」 '보현보살장'을 해설한 대목에서 같은 내용을 이야기하고 있다. "기름과 불은 서로 의지하고 눈과 발은 서로 돕는다. 불이 기름을 얻지 못하면 밝은 불빛은 타오를 수 없고, 발이 눈의 도움을 받지 못한다면 몇 발자국밖에 걸을 수가 없다. 불은 기름을 얻어서 더욱 밝아져야 그 불빛이 사라지지 않고, 발은 눈이 있음으로 더 먼 길을 나아갈 수 있기 때문이다. 원각圓覺[깨달음, 부처님의 세상]을 알고 하는 수행은 불빛을 환하게 밝혀주는 기름과 같고, 수행을 하는 데 원각에 대한 이해는 먼 길을 가는 데 반드시 없어서는 안 될 눈의 역할과 같다. 원각을 알고서도 수행하지 않는다면 그 앎은 반드시 공허하고, 수행을 하면서도 원각을 이해하지 못한다면 그 수행은 반드시 몇 걸음 나아가지를 못한다. 이 때문에 수행을 하고자 하면 모름지기 먼저 원각을 알아야 하고, 이미 원각을 알았다면 모름지기 수행을 해야 할 것이다. 그러므로 문수 보살은 먼저 '맑고 깨끗한 원각'을 알게 하고, 보현 보살은 이 깨달음에 의지하여 수행을 하게 하였다."

28장. 오직 무명만 키울 뿐

어리석게 도를 닦는 것은
오직 무명만 키울 뿐이다.

주해
철저히 깨치지 못했다면
수행이 어찌 참되다고 하겠는가?

부처님 세상을 알고 수행한다는 뜻은
기름과 불이 서로 의지해야 밝은 불빛이 있고
눈과 발이 서로 도와야 먼 길을 가는 것과 같다.

29

修行之要는

但盡凡情일뿐

別無聖解[1]니라.

註解

病盡藥除[2]라면

還是本人이니라.

---

1. 범부의 알음알이는 좋지 못한 것이고 성인의 깨달음은 좋은 것이라는 주장을 끝까지 고집한다면 결국 불을 피하려다가 물에 빠져 죽는 것과 같다. '범부의 알음알이'와 '성인의 깨달음'이란 서로 상대적인 것으로서 모두 변견邊見에 해당하기 때문이다. 변견이란 한쪽에 치우쳐 시비 분별로써 자기 주장만 하는 잘못된 견해를 말한다. 이 변견을 타파하기 위하여 범부의 알음알이에서 실체가 없다는 공성空性을 보고, 마찬가지로 성인의 깨달음에서도 공성空性을 보아, 범부와 성인 양쪽에 대한 집착을 다 벗어나야 한다. 이것이 중도中道이다.
2. 병病이란 중생의 알음알이나 번뇌를 말한다. 이 병에 내려진 약藥의 처방이 교가敎家에서는 부처님의 가르침이 되고 간화선에서는 화두가 된다. 중생에게 병이 있을 때에는 부처님의 가르침과 화두를 공부해야 되지만, 중생의 병이 다 나아 부처가 되었다면, 부처가 되기 위한 가르침이나 화두는 더 이상 필요 없게 된다. '앓기 전의 그 사람[本人]'은 병이 나아 약 처방이 더 이상 필요 없게 된 사람이니, 그는 곧 부처임을 비유해 말한 것이다.

29장. 성인의 깨달음이란 없다

수행의 요체는
다만 범부의 알음알이를 없앨 뿐
따로 성인의 깨달음이란 없다.

주해

병이 나아 약 쓸 일이 없다면
앓기 전의 그 사람이로다.

30

不用捨衆生心[1]이니

但莫染汚自性[2]하라

求正法[3]이 是邪니라.

註解

捨者 求者

皆是染汚也라.

1. **중생심**衆生心 '중생이 쓰는 마음'을 말한다.「기신론」에서 "중생이 쓰는 마음에 세간과 출세간의 법이 모두 거두어져 있다[是心則攝一切世間法出世間法]."라고 했으니, '중생이 쓰는 마음'에는 '중생의 마음'과 '부처님의 마음'이 아울러 있다. 중생의 마음으로 나타나는 것은 '세간법'이니 생멸하는 인연법이 되고, 부처님의 마음은 '출세간법'이니 변치 않는 진여眞如의 모습이 된다. 이 마음은 '깨끗한 거울'에 비유되기도 한다. 깨끗한 거울에 먼지가 끼면 사물의 모습이 있는 그대로 나타날 수 없다. 왜냐하면 마음에 시비 분별이 있으면 '사물을 본디 모습대로 볼 수 있는 맑고 깨끗한 부처님의 마음'이 나타나지 않기 때문이다.
2. **자성**自性 부처님 마음이 '자신의 참성품'이므로 자성自性이라 한다. 그런데 거울에 먼지가 끼듯 이 마음에 홀연 무명이 생기면서 존재하지도 않는 '나'라는 헛것이 만들어진다. 이 '나'가 온갖 시비 분별로 '자신의 참성품'을 오염시키기 때문에, 마치 먹장구름이 태양을 가리듯 '자신의 참성품'을 보지 못하게 한다. 그러니 먼저 참성품을 오염시키는 온갖 시비 분별에서 벗어나야 '자신의 참성품'을 볼 수 있는 것이다.
3. **정법**正法 시비 분별에서 벗어나면 시비 분별을 일으켰던 '나'가 없어지고, 헛된 '나'가 사라지면 시비 분별로써 먹장구름 같던 무명이 점차 엷어진다. 그러다 무명이 사라지면 '자신의 참성품'이 태양처럼 빛나며 오롯하게 드러난다. 이것이 '도道'로서 '깨달음'이요 '부처님의 세상'이며 바른 법이니 '정법正法'이다.

30장. 성품을 오염시키지 말라

중생의 마음을 버릴 것이 없으니
다만 제 성품을 오염시키지 말라
바른 법을 찾는 그 자체가 삿된 짓이다.

주해

버리는 것이나 찾는 것이
다 오염시키는 짓이니라.

31

斷煩惱[1] 名二乘[2]이라하고

煩惱不生 名大涅槃[3]이라.

註解

斷者 能所也요 不生者 無能所[4]也니라.

---

1. **번뇌煩惱** 중생이 번뇌에 묶여 꼼짝 못한다는 뜻에서 '결박結縛'이라 부르기도 하고, 맑고 깨끗한 부처님의 마음을 더럽힌다는 뜻으로 '더러운 티끌[垢塵]'이라 하기도 한다. 또 바깥에서 잠시 다녀가는 손님과 같은 것이라고 하여 '객진客塵번뇌'라고 부르기도 한다. 이런 번뇌들이 생기지 않는 것, 이것이 열반이다.
2. **이승二乘** 승乘은 '사람을 태워 목적지에 데려다 주는 탈것'을 말한다. '중생을 태워 생사의 바다를 건너 주게 하는 법'을 비유한 것인데, 이 내용을 크게 두 종류로 나누어서 이승이라고 한다. 이승은 대승大乘과 소승小乘을 말하기도 하고, 다시 소승을 성문승聲聞乘과 연각승緣覺乘으로 나눈 것을 말하기도 한다. 「법화경」에서는 일승一乘과 삼승三乘으로 말한다. 부처님께서 평생 말씀하신 법을 '대승'과 '소승'으로 나눌 때, 성문과 연각을 위한 법이 소승이고 보살을 위한 법이 대승인데 이 대승을 '보살승'이라 하기도 한다. 부처님이 말씀하시는 법을 직접 듣고서 고苦·집集·멸滅·도道 사제四諦의 이치에 의지하여 깨달음을 얻은 사람은 '성문승'이라고 하고, 부처님의 가르침을 직접 듣지는 못했지만 홀로 십이인연十二因緣의 이치를 관찰하여 깨달음을 얻은 사람은 '연각승'이라고 한다. 「법화경」에서는 성문승·연각승·보살승을 합쳐 '삼승'이라 하고, 법화회상에서 이 삼승을 한꺼번에 모아 바로 부처님의 세상으로 나아가는 것을 '일승'이라고 한다. 「선가귀감」 31장에서 말하는 이승은 소승과 보살승을 다 포함한다.
3. **열반涅槃** 범어 'nirvāṇa'와 빨리어 'nibbāna'의 중국어 음역이다. 본디 뜻은 '불을 혹 불어 끔' 또는 '타오르는 불이 꺼져 재만 남은 상태'를 말하는데, 이것이 '활활 타오르는 번뇌가 다 연소되어 사그라진 상태'의 뜻으로 바뀌어서 깨달음을 완성했다는 말로 쓰인다. 깨달음을 완성하여 더 이상 없앨 번뇌가 남아 있지 않다는 뜻을 강조하기 위하여 '큰 열반'이라고 표현하기도 한다. 불교 이외의 다른 교파에서 열반이라는 표현이 쓰이기도 하지만 부처님의 가르침과는 크게 다르다. 또한 불교 자체 내에서도 대승과 소승에 따라서 열반을 다양하게 해석한다.
4. **능소能所** 능能은 주체를 소所는 객체를 말한다. 근본과 하나가 되어 '나[能]'가 사라지고 '마주 보는 경계인 근본[所]'이 사라질 때, 비로소 능소가 사라져 모든 번뇌가 없어진다.

31장. 이승과 열반

번뇌를 끊어나가는 것을 '이승'이라 하고
번뇌가 생기지 않는 것을 '큰 열반'이라고 한다.

주해

끊어야 할 번뇌가 있다는 것은
경계가 능能과 소所로 나누어지기 때문이요

번뇌가 생기지 않는 것은
경계로 나누어질 능能과 소所가 없기 때문이다.

32

須虛懷自照[1]해야

信一念[2]緣起[3]無生[4]이라.

註解

此單明性起

---

1. **허회자조**虛懷自照 공적영지空寂靈知라고 말하기도 한다. '텅 빈 마음'이란 모든 번뇌가 사라진 고요한 마음이고[空寂], '텅 빈 마음 그 자체가 환해진 것'이란 부처님의 광명이 드러나 모든 것을 다 아는 '신령스런 앎'이기 때문이다[靈知]. 따라서 허회자조虛懷自照란 마음에서 모든 번뇌가 없어진 깨달음이다. 이런 깨달음이 있어야 '한 생각'에서 일어나는 연기법에 생멸이 없음을 확실히 알고 믿게 될 것이다.
2. **일념**一念 극히 짧은 시간에 일어나는 '한 생각'을 말한다. 「인왕반야경仁王般若經」에서 "한 찰나에 구백 번의 생멸이 있고 한 생각 속에 구십 번의 찰나가 있다."라고 하였다. 이 말은 한 생각 속에 팔만 일천 번의 생멸이 있다는 것이다. 생멸이란 어떤 인연이 모여 생겨난 법이 그 인연이 흩어지면 소멸되는 것을 말하니, 한 생각 속에 팔만 일천 개의 법이 생겨났다 사라진다는 것이다. 이렇게 끊임없이 생멸하면서 수많은 법이 인연 따라 나타났다 인연 따라 흩어지는 것을 연기법이라고 한다.
3. **연기**緣起 이 세상에 존재하는 온갖 법은 다 여러 인연이 어울려서 만들어진다는 것이다. 인연이 모이면 법이 만들어지고 인연이 흩어지면 법이 사라진다. 흔히 세상에서 말하는 인연법이 바로 이것이다. 연기법을 설명하는 데는 여러 가지 방식이 있다. 보통은 무명無明·행行·식識·명색名色·육입六入·촉觸·수受·애愛·취取·유有·생生·노사老死의 열두 가지 순서로 이루어진 십이연기법이 대표적이다.
4. **무생**無生 무생은 '텅 빈 마음'이니, 서로서로의 인연이 멸하여 세간의 법이 없어지고 중생계의 생로병사가 사라지는 것이 무생의 이치이다. 이것이 모든 법의 실상이다. 이 세상 모든 법의 실체는 알고 보면 '텅 빈 성품'[空性]이다. 이는 존재하지 않는 것이므로 생멸하여 변화할 것이 없다. 범부들은 이 도리를 모르기 때문에 법에 집착하여 쳇바퀴처럼 일어났다 소멸하는 번뇌를 일으켜 생사로 윤회를 하게 되나, 성인들은 무생의 이치를 알고 바로 열반에 든다.

32장. 텅 빈 마음 그 자체가 환해져야

모름지기 텅 빈 마음 그 자체가 환해져야
한 생각 인연 따라 일어나는 법에 생멸이 없음을 믿는다.

주해

여기는 텅 빈 성품에서 일어나는 법을 밝히고 있다.

33

諦觀殺盜淫妄
從一心上起하면
當處便寂이니
何須更斷이리오.

註解

此雙明性相¹이라.

經云에
不起一念을
名爲永斷無明이라.

又云하되
念起卽覺하라.

---

1. 성性은 '그 자리에서 바로 모든 번뇌가 사라져 마음이 고요한 것[當處便寂]'이고, 상相은 '살생·도둑질·음행·거짓말이 다 한마음에서 일어난다는 것[殺盜淫妄 從一心上起]'이다. 한 생각도 일으키지 않는다는 것은[不起一念] 상相에 실체가 없다는 것을 알고, 그 인연에 조금도 집착하지 않으니 일으킬 번뇌가 없어 영원히 무명을 끊었다는 것이다[永斷無明]. 한 생각이 일어날 때[念起] 그것에 실체가 없음을 바로 아니[卽覺] 여기에 버려야 할 번뇌가 남아 있지 않다.

33장. 마음이 고요해지니

살생, 도둑질, 음행, 거짓말이
다 한마음에서 일어나는 것임을 알면
그 자리에서 마음이 고요해지니
어찌 끊을 번뇌가 있겠는가?

주해
여기는 성性과 상相을 함께 드러낸다.

경에서 말하였다.
"한 생각도 일으키지 않는 것
이를 일러 영원히 무명을 끊은 것이라고 한다."

또 말하였다.
"한 생각 일어날 때 그것에 실체가 없음을 바로 알라."

34

知幻이면 卽離이니 不作方便이요

離幻 卽覺이니 亦無漸次라.

註解

心爲幻師也 身爲幻城也 世界幻衣也 名相幻食也라.

至於起心動念하고 言妄言眞이 無非幻也[1]니라.

又 無始幻無明은 皆從覺心生이라.

幻幻如空華이니 幻滅名不動[2]이라.

故夢瘡求醫者 寤來無方便이듯

知幻者 亦如是니라.

---

1. 꼭두각시는 남의 조종을 받아야 비로소 움직일 수 있으니, 실체가 없는 허깨비와도 같다. 이 꼭두각시를 다양하게 만들어 조정하는 것이 중생의 마음이다. 중생의 몸은 중생의 마음이 만들어낸 온갖 꼭두각시들이 모여 사는 마을로 비유할 수 있다. 이 세상 속에서 중생들이 사니, 이 세계는 꼭두각시들이 입고 사는 옷이나 다름없다. 이 중생들은 이름이나 형상에 집착하고 분별하며 사니, 이름과 형상은 꼭두각시가 먹고 사는 음식이나 마찬가지이다. 알고 보면 중생들이 시비 분별로 마음을 일으키고 생각을 내는 것들이 다 꼭두각시 아닌 것들이 없다. 참이다 거짓이다 말하는 것들도 다 중생들이 분별하는 마음에서 오는 것이니 이 또한 꼭두각시들이다.
2. **부동不動** 꼭두각시의 실체를 알아 그 공성空性을 보면 참마음이 드러나니, 그곳은 '번뇌에 흔들림이 없는 곳'이기에 부동不動이라고 한다.

34장. 환幻인 줄 알면

환幻인 줄 알면 환幻을 여의니
방편 쓸 일이 없을 것이요
환幻 떠난 그 자리가 깨달음이니
점차 닦을 깨달음도 없을 것이다.

주해

마음은 꼭두각시를 만드는 요술쟁이다. 몸은 꼭두각시가 사는 마을이고 세계는 꼭두각시가 입는 옷이며 이름과 형상은 꼭두각시가 먹는 음식이다. 그뿐만 아니라 마음을 일으켜 생각을 내고 거짓이다 참이다 하는 것들이 다 꼭두각시 아닌 것이 없다.

또 그 시작이 언제인지 알 수 없는 꼭두각시 무명은 다 각심覺心에서 나온다. 꼭두각시 하나하나가 모두 허공의 꽃이니 꼭두가시가 사라진 텅 빈 자리를 '부동不動'이라 한다.

그러므로 꿈에 아파 의사를 찾던 사람이 잠이 깨면 그럴 필요가 없듯이 경계가 모두 꼭두각시인 줄 알면 그 꼭두각시에 집착하지 않게 된다.

35

衆生이 於無生中에 妄見生死涅槃은 如見空花起滅[1]이라.

註解

性本無生故로 無生涅也요 空本無花故로 無起滅也라.

見生死者 如見空花起也요 見涅槃者 如見空花滅也니라.

然이니 起本無起이고 滅本無滅이어 於此二見에 不用窮詰이라.

是故로 思益經 云에

諸佛出世는 非爲度衆生이라 只爲度生死涅槃二見耳니라.

---

1. 중생이 보는 생사와 열반은 차원이 다르지만, 부처님의 지혜로 보면 생사가 열반이고 열반이 생사이다. 중생이 부처이고 부처가 중생이다. 중생계로 벌어지는 생사로서 온갖 연기법이 알고 보면 실체 없는 텅 빈 성품에서 나왔고, 이 텅 빈 성품에 많은 인연이 주어지면 온갖 법이 드러날 뿐이다. 어떤 모습으로 나타나든 그 근본에서는 모든 법이 공空이니 색즉시공色卽是空이고, 공空 자체에서 주어진 인연으로 온갖 모습이 다양하게 드러나니 공즉시색空卽是色이다.
법의 진실을 알고 색色에도 걸리지 않고 공空에도 걸리지 않는 이 자유자재한 부처의 지혜를 우리는 중도中道라고 한다. 중도는 밝은 거울과 같아서 일체 분별이 없다. 어떤 인연이 오면 그냥 그 모습을 드러내나 그 인연이 사라지면 그 모습도 사라진다. 따라서 중도에서 볼 때는 일방적인 생사나 열반은 허공의 꽃처럼 존재하지 않는다. 허공의 꽃을 보는 것은 눈병이 났을 때이니, 존재하지 않는 생사와 열반을 본다는 것은 중생이란 병이 있을 때이다. 시비 분별이란 병이 다 떨어진 부처님의 지혜에서는 생사나 열반이란 분별이 없다.
이 사상을 간단하고 명료하게 표현한 것이 「중론」의 '삼제게三諦偈'이다. 공空·가假·중中 세 글자로 인도 불교의 중도사상을 잘 표현했을 뿐만 아니라 중국에서 성립된 삼론종三論宗은 물론 천태종天台宗과 화엄종華嚴宗의 성립에도 커다란 영향을 끼친 내용이다. 여기서 말하는 '공空'은 열반이고, '가假'는 인연이 모여 임시방편으로 있게 되는 생사이며, '중도'는 생사와 열반을 뛰어넘어 있는 '참성품'을 말한다.

35장. 생사와 열반을 보는 것

중생들이 생멸이 없는 데서
헛되이 생사와 열반을 보는 것은
마치 허공에서 꽃이 피고 지는 것과 같다.

주해
성품에는 본디 생멸이 없으므로 생사와 열반이 없는 것이요
허공에는 본디 꽃이 없으므로 꽃이 피고 질 것이 없는 것이다.
생사를 본다는 것은 허공에 꽃이 핌을 보는 것이요
열반을 본다는 것은 허공에 꽃이 짐을 보는 것과 같다.

그러니 꽃이 피어나도 본디 피어날 것이 없고 꽃이 져도 본래 질 것이 없어 생사와 열반 두 가지 견해에서 어느 것이 옳고 그른지 따질 일이 아니다. 그러므로 「사익경」에서 말한다.

"모든 부처님께서 세상에 오신 것은 중생을 제도하기 위한 것이 아니라, 다만 생사와 열반에 대한 집착을 없애기 위한 것이다."

36

菩薩[1]이 度衆生入滅度나

又實無衆生得滅度[2]니라.

註解

菩薩 只以念念 爲衆生也일새 了念體空者 度衆生也[3]라.

念旣空寂者라면 實無衆生得滅度也[4].

此上은 論信解니라.

---

1. **보살菩薩** 보리살타의 줄인 말이다. 보리菩提는 '깨달음'이나 '지혜' '도道'라는 뜻을 갖고 있고, 살타薩埵는 '중생' 또는 '유정有情'이라는 뜻을 갖고 있다. 따라서 보살을 각유정覺有情, 대각유정大覺有情, 도심중생道心衆生이라고 번역하기도 한다. 위로는 밝은 지혜로 부처님의 세상을 추구하고, 아래로는 따뜻한 자비로 모든 중생을 보살피며, 온갖 보살행을 완성함으로써 깨달음을 성취하려는 수행자를 말한다.
2. **멸도滅度** 멸도란 열반의 또 다른 이름이다. 활활 타오르던 번뇌가 다 연소되어 사그라진 상태이니, 부처님 마음이 드러나 더 이상 없앨 번뇌가 없다.
3. 육조 스님도「육조단경」에서 '네 가지 큰 서원'인 사홍서원四弘誓願을 설명하면서 중생은 자신의 마음속에 있는 중생들을 스스로가 제도하는 것임을 강조한다. 즉 보살이 "모든 중생을 남김없이 다 제도 하겠습니다."라고 말하지만, 이렇게 말한 중생들은 모두 스스로 자신의 마음속에 있는 중생을 제도한다는 것이지 다른 보살이나 부처가 제도하는 것이 아니라는 것이다. 여기서 말하는 중생이란 마음속에 있는 중생으로서 어리석고 삿된 마음, 허망하고 황당한 마음, 착하지 않은 마음, 질투하는 마음, 독하고 악한 마음 이런 마음 모두를 함께 말한 것이다.
4. 「선가귀감언해본」 주해에서는 이 부분에 대해서 "자신의 성품에 있는 중생을 밝힌 것이다. 마음은 본디 적멸寂滅이므로 마음에서 일어나는 중생과 부처 또한 그 모습이 적멸이다. 마음의 작용에 이르러서는 마음에 그릇됨이 없는 것이 계戒이며, 마음에 혼란이 없는 것이 정定이며, 마음에 어리석음이 없는 것이 지혜이다. 마음에 딴 생각이 일어나지 않는 것이 지止이고 앎이 어둡지 않은 것이 관觀이며, 편한 마음으로 이치를 잘 아는 것이 인욕이고 마음에 이런 모습이 끊어짐이 없는 것이 정진이다."라고 풀이하였다.

36장. 열반 얻을 중생은 없다

보살이 중생을 제도하여 열반에 들게 한다지만
참으로 열반을 얻을 수 있는 중생은 없다.

주해
보살은 망념 하나하나를 중생으로 삼을 뿐이므로
망념 그 자체가 텅 비어 있음을 아는 것이
모든 중생들을 제도하는 것이다.

망념이 텅 비어 고요하다면
참으로 열반을 얻을 수 있는 중생은 없다.

이 위에서는 '믿음과 깨달음에 대한 이해[信解]'를 말하였다.

37

理雖頓悟

事非頓除[1]

註解

文殊[2]達天眞하고

普賢[3]明緣起하니

解似電光이라도

行同窮子니다.

此下는 論修證[4]이니라.

---

1. 이치[理]는 근본도리로서 천진한 부처님의 세상이요, 현상[事]은 연기법으로서 중생계의 모습이다.
2. 문수文殊 문수를 뜻으로 풀이하면 '묘수妙首'라고 한다. 문수 보살의 지혜는 헤아릴 수 없이 크므로 묘妙라 하고, 그 지혜는 모든 지혜 가운데 으뜸이기에 수首라고 한 것이다. 이는 문수 보살의 지혜가 온갖 행을 만들어가는 바탕으로서 오묘한 작용을 내내기 때문이다. 만일 보살행에 지혜가 밑받침 되지 않는다면 이는 삿된 법이 되고 필경에 마구니의 종자가 된다. 그러므로 보살행 가운데에는 지혜가 뒷받침 되어야만 한다.
3. 보현普賢 수행을 일으켜 깨달음을 얻을 수 있는 과정을 보여주는 것이 '보현 보살'이다. 널리 베푸는 것을 '보普'라 하고 큰 덕을 '현賢'이라고 하니, 보현 보살은 큰 자비로 모든 중생에게 빠짐없이 이익을 주며 온갖 보살행으로써 부처님의 공덕을 성취해 가는 보살이다.
4. 「선가귀감」 37장부터는 깨달음을 얻기 위해서는 수행을 통하여 깨치는 과정이 필요하다는 수증修證을 이야기하기 시작한다. 신해信解는 부처님의 법을 기꺼이 믿고 확실하게 아는 것으로 24장부터 36장에 걸쳐 이야기하였다.

37장. 이치로는 단번에 깨닫더라도

이치로는 단번에 깨닫더라도
현상은 금방 없어지는 게 아니다.

주해

문수 보살은 지혜로 천진한 세계를 통달했고
보현 보살은 보살행에서 연기법을 밝혔으니
이 자리를 번갯불처럼 이해했다 하더라도
살아가는 모습은 가난한 집 아들과도 같다.

여기서부터 '닦아 증득하는 수증修證'을 말할 것이다.

38

帶婬修禪은

如蒸沙作飯이고

帶殺修禪은

如塞耳叫聲이며

帶偸修禪은

如漏巵求滿이고

帶妄修禪은

如刻糞爲香이라.

縱有多智라도 皆成魔道니라.

註解

此明 修行軌則 三無漏學也. 小乘 禀法爲戒[1]하여 粗治其末이나 大乘은 攝心爲戒하여 細絶其本이라. 然則法戒는 無身犯이나 心戒는 無思犯也니라.

---

1. **戒** 계율戒律이라는 표현에서 '계戒'와 '율律'이 같이 쓰이지만 그 뜻에는 조금 차이가 있다. '계戒'는 지켜야 할 것을 가르쳐 주어 잘못을 막아 나쁜 짓을 더 이상 하지 않도록 하는 것이고, '율律'은 어떤 처신이 더 부처님의 뜻에 맞는지를 알아 '계'의 쓰임새를 잘 알고 지키자는 것이다. '계'는 잘못을 쉽게 범할 수 있는 마음을 중생들의 통제하는 것으로써 근본을 삼고, '율'은 중생들의 행복한 삶을 구현하려는 부처님의 뜻을 지키고 보호하는 것으로써 으뜸을 삼는다. 계율은 부처님의 법을 배우는 사람들이 삶 속에서 그대로 실천해야 하는 것이니, 계율이야말로 부처님의 세상으로 바로 통하는 길이기 때문이다. 세상에 있는 모든 강물이 바다를 향하여 끊임없이 흘러가듯, 계율을 지키는 사람의 맑고 바른 삶은 부처님의 세상을 향하여 끊임없이 흘러간다.

38장. 계율 없는 참선은 마도일 뿐

어두운 음행을 하면서 참선을 하는 것은
모래를 쪄서 밥을 지으려는 것과 같고
생명을 함부로 죽이면서 참선을 하는 것은
귀를 막고 소리를 지르는 것과 같으며
남의 소유물을 몰래 훔치면서 참선을 하는 것은
새는 그릇에 물이 차기를 바라는 것과 같고
거짓말을 하면서 참선을 하는 것은
똥을 다듬어 향기로운 향을 만들려는 것 같다.

많은 지혜가 있다 하더라도 모두 다 마도魔道를 이룰 뿐이다.

주해

여기는 수행의 본보기로서 '세 가지 번뇌 없는 배움'을 밝힌다. 소승은 눈에 보이는 법을 받아 계율로 삼아서 겉으로 드러나는 모습만 대충 다스리지만 대승은 마음 거두는 것을 계율로 삼아서 잘못의 근원을 세밀하게 끊어버린다. 겉으로 나타난 법으로 지키는 계율은 몸으로 어기는 일이야 없겠지만 마음으로 지키는 계율은 계율을 범하려는 생각조차 없다.

淫者는 斷淸淨이요 殺者는 斷惡悲니라.

盜者는 斷福德이요 妄者는 斷眞實也니라.

能成智慧 縱得六神通¹이라도 如不斷殺盜淫妄則 必落魔道이니 永失菩提正路矣라.

此四戒 百戒之根故로 別明之 使無思犯也이니라.

無憶曰戒이고 無念曰定이며 莫妄曰慧라. 又 戒爲捉賊이요 定爲縛賊이며 慧爲殺賊이라.

又戒器完固하야 定水澄淸해야 慧月方現이라. 此三學者 實爲萬法之源故로 特明之하여 使無諸漏也니라. 靈山會上에 豈有無行佛이며 少林門下² 豈有妄語祖이리오.

---

1. **육신통**六神通   인간의 능력을 초월한 여섯 가지 신통력을 말한다. 첫 번째 '신족통'은 자유자재하게 원하는 곳에 몸을 나타낼 수 있는 능력이다. 두 번째 '천안통'은 육도에 윤회하는 중생들이 생사에서 즐거워하고 괴로워하는 모습을 걸림 없이 볼 수 있는 능력이다. 세 번째 '천이통'은 육도 중생들이 말하는 소리를 모두 들을 수 있는 능력이다. 네 번째 '타심통'은 육도 중생들이 마음속에서 생각하고 있는 일들을 다 알 수 있는 능력이다. 다섯 번째 '숙명통'은 자신과 육도 중생들의 많고 많은 전생 일을 다 알 수 있는 능력이다. 여섯 번째 '누진통'은 중생계의 모든 번뇌를 끊었으므로 다시 삼계의 고통을 받지 않는 능력이다. 그러나 이러한 육신통을 갖추었을지라도 계율을 지키지 않는다면 깨달음에 이르지 못할뿐더러 부처되는 길조차 영원히 끊기는 것이다.
2. **소림문하**少林門下   중국 선종의 초조 달마 대사가 9년 동안 소림사 석굴 속에서 면벽面壁하다가 혜가慧可에게 법을 전해 중국의 선법이 퍼져 나갔다. 이런 까닭에 중국의 전통적인 선종을 소림문하라고 한다.

어두운 음행을 하는 것이란 맑고 깨끗한 성품을 끊는 일이요
생명을 함부로 죽이는 것은 자비로운 마음을 없애는 것이다.
남의 소유물을 훔치는 것은 복덕을 없애는 일이요
거짓말을 하는 것은 진실을 끊는 행위이다.

지혜를 완성하여 육신통을 얻을지라도 네 가지 계율을 지키지 않는다면 반드시 마도魔道에 떨어지니 깨달음의 길을 영원히 잃을 것이다.

이 네 가지 계율이 온갖 계율의 근본이므로
따로 드러내어 범한다는 생각조차 없게 한 것이다.

분별이 일어날 아무런 흔적도 없음을 계율이라 하고 헛된 생각이 없는 것을 선정이라 하며 거짓말을 하지 않는 것을 지혜라고 한다.

또 계율은 도적을 잡는 것이요 선정은 잡은 도적을 묶는 것이며 지혜는 묶은 도적을 죽이는 것이다.

계율이란 그릇이 올곧고 굳세어서 선정이라는 물이 점차 맑고 깨끗해져야 지혜라는 둥근 달이 비로소 나타난다. 계율과 선정과 지혜 이 세 가지 배움이 진실로 온갖 법의 근원이 되므로 특별히 드러내어 모든 번뇌를 없애게 한다. 영산회상에 어찌 행실이 올바르지 않은 부처가 있겠으며 소림문하에 어찌 거짓말하는 조사가 있을 수 있겠느냐?

39

無德之人은

不依佛戒하고

不護三業[1]하니

放逸懈怠하며 輕慢他人하고

較量是非 而爲根本하니라.

註解

一破心戒

百過俱生.

評曰

如此魔徒는

末法[2]熾盛하여

惱亂正法일새

學者는 詳之하라.

---

1. **삼업**三業 몸과 말과 뜻으로 짓는 세 가지 업이다.
2. **말법**末法 말법시대는 부처님의 가르침이 올바르게 행해지지 않아 외도들의 삿된 법들이 치성할 때이다. 그러나 부처님의 가르침이 있는 정법시대라도 삿된 견해에 떨어져 있다면 말법시대에 사는 사람이요, 세태가 험악한 말법시대라도 삿된 견해에 떨어지지 않고 부처님의 가르침에 따라 산다면 정법시대에 사는 사람이다.

39장. 덕이 없는 사람들은

덕德이 없는 사람은
부처님 계율에 의지하지 않고
몸과 입과 뜻을 보호하지 않으니
게을리 이럭저럭 지내면서 남을 업신여기고
옳고 그름을 따지는 것으로 일을 삼는다.

주해

한번 다듬어진 마음이 깨지면
온갖 허물이 거기서 일어난다.

평하여 말하기를

이와 같은 마구니 무리들은
말법시대에 불붙듯이 일어나
정법을 어지럽힐 것이므로
공부하는 사람들은 이 사실을 잘 알아야 한다.

10

若不持戒이면

尙不得疥癩野干之身인데

況淸淨菩提果可冀리오.

註解

重戒如佛 佛常在焉이니

須草繫¹鵝珠² 以爲先導하라.

---

1. **초계草繫** 어떤 비구가 길에서 도적을 만나 얼마 되지 않는 옷가지와 갖고 있던 물건들을 다 빼앗겼다. 도적들은 관청에 가서 바로 고발하지 못하도록 풀줄기로 비구를 묶어 놓고는 멀리 도망 가버렸다. 발가벗긴 채로 숲 속에서 풀줄기에 묶여 있던 비구는, 조금이라도 움직이면 행여나 풀줄기들이 끊어져 풀들이 상할까봐 염려하여 되도록 가만히 있었다. 누군가 구해주지 않는다면 고스란히 그대로 굶주려 죽을 수밖에 없었다. 그때 마침 사냥을 나왔던 임금이 벌거숭이로 약한 풀줄기에 묶여 고통스럽게 꼼짝 않는 이상한 비구의 모습을 보게 되었다. 비구를 풀어준 뒤 불살생의 계율을 지키기 위하여 온갖 고통을 참아 내고 있던 비구의 사연을 알게 된 왕은 크게 감명을 받고 부처님의 가르침에 귀의하게 되었다. 이 비구를 이때부터 '풀에 묶인 비구'라고 하여 초계草繫 비구라고 불렀다.
2. **아주鵝珠** 옛날 어떤 비구가 구슬을 줄에 꿰어 목걸이를 만드는 집으로 탁발하러 간 일이 있었다. 집 주인은 임금님의 값비싼 마니주 구슬을 줄에 꿰고 있다가 스님이 오자 공양 올릴 음식을 가지러 부엌에 들어갔다. 그 때 갑자기 거위 한 마리가 나타나서는 그 구슬을 고기살점인줄 알고 먹어버렸다. 주인은 음식을 가지고 나왔다가 구슬이 없어진 것을 보고는 비구를 의심하였다. 다짜고짜 탁발하려고 서 있는 비구한테 없어진 구슬을 내놓으라고 다그쳤다. 억울한 누명을 뒤집어쓴 비구는 모진 수모와 곤욕을 달게 받으면서도 거위의 생명을 지켜주려고 아무런 말도 하지 않았다. 화가 많이 난 주인이 휘두르는 몽둥이에 비구의 온몸은 상처투성이가 되고 붉은 피가 흥건하게 흘러나왔다. 그때 구슬을 삼켰던 거위가 흘린 피를 먹으려고 기웃거리다가 그만 홧김에 주인이 마구 휘두르는 몽둥이에 맞아 죽어버렸다. 그때서야 비구가 사실대로 말하니 주인은 눈물을 흘리며 참회하고 진심으로 부처님께 귀의하였다. 이때부터 이 비구를 거위와 구슬의 이야기를 엮어 아주鵝珠 비구라고 불렀다.

40장. 계율 존중하기를 부처님 모시듯

계율을 지키지 않으면
온 몸에 옴이 번진 여우만도 못할 것인데
하물며 맑고 깨끗한 부처님 세상을 바라보겠느냐?

주해

계율 존중하기를 부처님 모시듯 하면
부처님은 언제나 곁에 계시니
초계草繫와 아주鵝珠 스님처럼 계율을 스승으로 삼을지어다.

41

欲脫生死이면

先斷貪欲하여 及除愛渴하라.

註解

愛爲輪廻之本이요

欲爲受生之緣[1]이라.

佛云에 淫心[2]不除이면 塵不可出이라. 又云하되 恩愛一縛着이면 牽人入罪門이라. 渴者 情愛之至切也라.

1. **수생지연受生之緣** '몸을 받게 되는 인연'은 정욕 때문이라고 한다. 사람이 죽고 난 뒤에 남게 되는 심식心識이 윤회할 때, 자신의 업대로 가야할 천상이나 귀신 지옥 같은 곳에는 그대로 가서 살게 된다. 하지만 인간이나 동물의 몸을 받아 태어나게 될 때에는, 그 심식이 업력으로 정욕이 불붙듯 하여 음심으로 부모가 될 상대 가까이에서 맴돌다가 여자의 몸은 아버지를 남자로 보고, 남자의 몸은 어머니를 여자로 보고 태속으로 달려든다고 한다. 이와 같이 이 세상에서 몸을 받게 되는 직접 동기는 음욕에서 비롯된다. 물론 성인이나 보살이 중생구제를 위하여 원력의 힘으로 이 세상에 나는 것은 예외라고 할 수 있다.
2. **음심淫心** '음淫'은 깨끗하지 못한 것이니, '음심'은 사람의 관계를 혼탁하게 만드는 깨끗하지 못한 마음으로서 애욕에 오염된 마음이다. 이 음란한 마음을 경계하기 위해서「화엄경」에서는 "여색을 입으면 마음이 오염되는 것이 마치 흰 옷에 물감이 물드는 것과 같고, 애욕에 빠져서 빠져나오질 못하면 마치 똥 속의 벌레들이 똥을 좋아하고 지저분한 돼지들이 더러운 돼지우리 안에서 사는 것과 같다."라고 말하였다. 또 음란한 관계를 맺고 살았던 사람들은 죽어서 그 과보로 지옥이나 아귀 축생과 같은 나쁜 세상에 떨어졌다가, 다시 인간 세상에 태어나더라도 두 가지 나쁜 과보를 받는다고 한다. 하나는 처나 남편이 곧고 어질지 못할 것이요, 또 하나는 뜻대로 아들이나 딸을 얻지 못하는 것이라고 하였다.

41장. 삶과 죽음의 문제

삶과 죽음의 문제에서 벗어나려면
먼저 탐욕을 끊어 애욕의 불꽃을 꺼야 한다.

주해

애정愛情은 윤회의 근본이요
정욕情欲은 몸을 받게 되는 인연이다.

부처님께서 말씀하셨다.
"음란한 마음을 없애지 않으면 번뇌에서 빠져나올 수 없다."

또 말씀하셨다.
"은혜와 애정에 한번 얽히면 사람을 죄악의 문안에 처넣는다."

'애욕의 불꽃'이란 표현은 애정이 너무 간절하여 불붙듯 치열함을 비유한 것이다.

42

無碍淸淨慧는

皆因禪定[1]生이니라.

註解

超凡入聖 坐脫立亡[2]者

皆禪定之力也라.

故로 云하되

欲求聖道이면 離此無路니라.

1. **선정**禪定 선정에서 '맑고 깨끗한 부처님의 지혜가 생겨난다'는 것은 '깨달음의 자리'에 이른 것이니 부처님의 세상으로 들어갔다는 뜻이다. 여기서 말하는 선정은 '사마타관奢摩他觀' '삼마발제관三摩鉢提觀' '선나관禪那觀'의 수행을 통하여 얻어진다. '사마타관'은 색色이 곧 공空임을 알고 허망한 것을 버리고 공성空性인 고요한 마음으로 돌아가고자 하는 선정이고, '삼마발제관'은 공空이 곧 색色임을 알고 법계法界에서 일어나는 연기법緣起法으로써 자비로운 마음을 일으켜 중생들을 교화하고자 하는 선정이다. '선나관'은 이 두 가지 경계를 동시에 이루면서 이 두 가지 경계를 뛰어넘어 중생의 영역을 초월하려는 부처님의 선정이다.
2. **좌탈입망**坐脫立亡 선정을 잘 닦은 사람들은 '좌탈입망'을 한다고 한다. '좌탈坐脫'은 앉아서 죽는 것이요 '입망立亡'은 서서 죽는 것이다. '좌탈입망'이란 선정의 힘이 깊어지면 육신의 생사에 자유자재하다는 뜻으로 쓰이는 말이다. 앞서간 고승들이 고통 없이 편안히 이 세상을 떠날 수 있는 것은 다 선정의 힘 때문이다. 부처님의 온갖 지혜와 덕행도 모두 이 선정의 힘에서 나오니, 성스런 부처님의 도를 구하려는 사람은 반드시 선정을 닦아야만 할 것이다.

42장. 맑은 지혜는 선정에서

걸림 없이 맑고 깨끗한 지혜는
모두 선정에서 생겨난다.

주해

범부가 성인 되어 앉아 죽고 서서 죽는 것은
다 선정에서 나오는 힘이다.

그러므로 말한다.
"성스런 도를 찾으려면 선정을 떠나서는 다른 길이 없다."

43

心在定則

能知世間生滅諸相[1]이니라.

註解

虛隙日光에

纖埃擾擾하고

淸潭水底에

影像昭昭니라.

---

1. 이것은 석가모니 부처님의 마지막 가르침이 설해지는 「불유교경」에서 따온 글이다. "그대 비구들이여, 마음을 챙기는 사람은 마음이 선정에 있다. 마음이 선정에 있으므로 세간에서 일어났다 사라지는 모든 모습을 알 수 있다. 이 때문에 비구들이여, 그대들은 부지런히 모든 선정을 닦아야만 하니, 선정을 얻은 사람은 마음이 어지럽지 않다. 비유하면 마치 물을 아끼는 사람이 물둑을 잘 관리하듯 수행자도 그러하다. 수행자가 지혜를 위하므로 선정을 잘 닦아서 지혜를 잃지 않게 하는 것, 이를 일러 선정이라 한다[汝等比丘 若攝心者 心則在定 心在定故 能知世間生滅諸相 是故汝等 常當精勤修習諸定 若得定者 心則不亂 譬如惜水之家 善治堤塘 行者亦爾 爲智慧水故 善修禪定 令不漏失 是名爲定]."

43장. 선정에 있으면

마음이 선정에 있으면
세간에서 생멸하는 모습을 모두 안다.

주해

밝은 창 빈틈 사이 화사한 햇살
작은 티끌 가물가물 고물거리고
맑은 호수 그 밑바닥 들여다보면
모든 형상 빠짐없이 드러난다네.

44

見境에

心不起 名不生이고

不生은 名無念이며

無念은 名解脫이니라.

註解

戒也 定也 慧也

擧一具三[1]이니

不是單相이니라.

---

1. **거일구삼擧一具三** 부처님의 삶인 계율을 잘 지켜야 마음이 편안해져 선정의 힘이 길러지고, 선정의 힘이 길러져야 여기에서 참다운 지혜가 나온다고 하였다. 그러므로 계율을 떠나 선정과 지혜가 있을 수 없고, 선정을 떠나 계율과 지혜가 있을 수 없으며, 지혜를 떠나 계율과 선정이 있을 수 없다. 계율 속에 선정과 지혜가 들어 있고, 선정 속에 계율과 지혜가 들어 있으며, 지혜 속에 계율과 선정이 들어있다.
그러므로 계정혜戒定慧 삼학三學 가운데 어느 하나를 들면 나머지 둘은 저절로 따라가니 하나 속에 셋이 다 갖추어진다. 어느 하나도 둘을 떠나 홑으로의 자기 모습만 가지고 어떤 역할을 할 수 있는 것은 없다. '불생'과 '무념'과 '해탈'의 관계도 이와 같다. 다시 말하면 우리 일상생활 속에서 다가오는 경계에 시비하는 마음이 일어나지 않는다면, 이 한 가지만으로도 그 자체가 '불생'이요 '무념'이며 '해탈'이 된다. 수행이란 지금 이 자리에서 바로 시비 분별하는 마음을 떨치려고 노력하는 것이다.

44장. 불생·무념·해탈

어떤 경계를 보아도 마음이 흔들리지 않는 것
이를 불생不生이라 하고
불생은 무념無念이라 하며
무념은 해탈解脫이라 한다.

주해

계율·선정·지혜 이 가운데에서
어느 하나를 들어도 셋이 함께하니
그 어느 것도 홀로 서는 모습이 아니다.

45

修道證滅이면

是亦非眞也[1]라

心法本寂

乃眞滅也이니라.

故曰

諸法從本來 常自寂滅相.

註解

眼不自見[2]이니 見眼者 妄也라. 故로 妙首[3]思量하자 淨名杜默[4]하니라.

以下는 散擧細行이라.

---

1. '도를 닦아 열반을 얻는다'는 것에서 말하는 열반은 공부하는 과정에서 말하는 열반이다. 깨달음을 얻어 생사 자체가 열반이 되면 모든 차별이 사라져 중생의 입장에서 바라보는 열반이라는 개념은 존재하지를 않는다. 열반을 추구하는 '주체'와 열반이라는 '객체'가 사라진 이 자리는 본디 고요한 마음으로서 어떤 법에도 집착할 것이 없다.
2. '자신의 눈이 자신의 눈을 볼 수 없다는 것[眼不自見]'은 생사니 열반이니 하는 개념들은 모두 실체가 없는 인연들이 모여 허깨비처럼 만들어진 것인데 '깨달음'으로써 이 허깨비들이 사라졌으므로 바라볼 수 있는 대상이 없다는 것이다.
3. 묘수妙首는 문수 보살이고 정명淨名은 유마 거사이다.
4. 자신의 눈이 본디 자신의 눈을 보지 못하듯, '참된 열반'의 성품 그 자체가 평등이어서 생사니 열반이라는 차별로써 열반이라고 말할 것이 없다. '참된 열반'은 마음과 경계가 일여一如하여 능소能所로 드러날 것이 없어 이를 불이법문不二法門이라 한다. 문수 보살이 유마 거사에게 불이不二 법문에 대해 물었지만 유마는 침묵하였다. 이 불이법문을 설한 대표적인 경전으로는 무엇보다도 「유마경」을 손꼽을 수 있다.

45장. 참된 열반이란

도를 닦아 열반을 얻으려 한다면
이는 참된 열반이 아니다.
마음이 본디 고요한 것
이것이야말로 참된 열반이다.

그러므로 「법화경」에서 말한다.
"모든 법은 본디부터 언제나 고요하여 번뇌 없는 모습이다."

주해

눈은 눈을 볼 수 없는 것이니
눈이 눈을 본다는 것은 거짓말이다.
그러므로
문수 보살이 생각으로 헤아리자
유마 거사는 침묵하였던 것이다.

이 다음부터는 세세한 행동들을 하나하나 들었다.

46

貧人이 來乞커든
隨分施與하라
同體大悲
是眞布施[1]니라.

註解

自他爲一 曰 同體이니
空手來空手去 吾家活計로다.

---

1. **보시布施**　원래 '보시'는 부처님 시대부터 있었던 수행방법으로서 범어 'dāna'의 의역인데 자비로운 마음으로 복덕과 이익을 남에게 베푼다는 뜻을 갖고 있다. 실생활에 필요한 의복, 음식, 재물 같은 것을 무소유로 살아가는 수행자나 가난한 사람들에게 아낌없이 베풀어 시주자로 하여금 공덕을 쌓도록 하려는 데 그 의미가 있다. 뒷날 이 '재보시財布施'는 보살의 실천덕목인 육바라밀 가운데 하나가 되었고, 여기에 다시 중생의 거친 마음을 어머니처럼 편안하게 감싸주는 '무외시無畏施'와 불법에 인연을 맺게 하여 성불할 씨앗을 심어주는 '법보시法布施'로 그 의미가 확장되어 수행의 커다란 디딤돌이 되었다. 재물과 부처님의 법을 따뜻한 마음으로 중생들과 나누는 이 공덕은 뒷날 수행에 커다란 힘이 되어 해탈에 이르도록 하기 때문이다.
그 베푸는 힘으로써 선과 악의 성품을 없애고 사랑하고 미워하는 성품을 없애고 깨끗하고 깨끗하지 않은 성품, 이 모든 것들을 없애버린다면 곧 인연으로 만들어진 모든 법의 성품이 '공空'인 줄 알게 된다. 베푸는 사람도 '공성空性'이요, 받는 사람도 '공성'이며 오가는 재물이나 법도 '공성'이다. 이 모든 것이 '공'일 때 또한 '공'이라는 생각도 내지 않는다. 보시하여 베푸는 힘도 없앴다는 생각도 내지 않는 것이 곧 참다운 보시이며 온갖 인연에 집착하는 마음이 다 끊어졌다고 하는 것이다. 이 자리에서 모든 번뇌를 여의니「사익경」에서는 "보살이 마음에서 모든 번뇌를 버리는 것이 보시"라고 하였다.

46장. 내 몸처럼 알고 베푸는 마음

가난한 사람이 와서 구걸하거든
형편 따라 베풀지어다.
그들을 한몸처럼 알고 베푸는 마음이
부처님의 자비이니 참다운 보시니라.

주해

나와 남이 하나로서 둘이 아닌 것
이를 일러 한몸인 동체同體라 하니
빈손으로 왔다 빈손으로 가는 것
이것이 우리들의 살림살이로다.

有人來害라도

當自攝心하여

勿生瞋恨¹하라.

一念에 瞋心起하면

百萬障門開하리라.

註解

煩惱雖無量이라도 瞋慢爲甚이라.

涅槃 云하되 塗割에 兩無心²하라.

瞋 如冷雲中 霹靂起火來.

---

1. 「화엄경」에서도 "성내는 마음을 일으키는 것이야말로 모든 나쁜 일 가운데 가장 나쁜 일이다."라고 하였다. '성내는 마음이 일어나는 것[一念瞋心起]'은 마음공부를 하는 사람에게 가장 큰 허물이며 가장 나쁜 일이므로 여기에서 온갖 장애가 생기게 된다[百萬障門開]. 이 장애는 '깨달음을 얻지 못하는 장애, 바른 법을 듣지 못하는 장애, 나쁜 길에 떨어지는 장애, 병이 많은 장애, 지혜가 모자라는 장애, 삿된 소견이 있는 사람과 함께 있기를 좋아하는 장애, 선지식을 만나지 못하는 장애, 불법에 전념하지 못하는 장애'와 같은 것들인데, 이것은 「화엄경」에서 말해 놓은 성냄으로써 일어나는 장애의 일부분을 추려 본 것이다.
2. 성내는 마음은 '나'라는 놈이 자신이 잘났다고 우쭐대는 마음에서 나오는 것이다. 마음공부를 하는 사람이라면 '나'라는 놈의 실체가 없는 줄 알고 '나'를 내세워 생겨나는 어떤 경계에도 집착하지 말아야 한다. 날카로운 창이나 예리한 칼로 찔려도 '나'라는 것이 없는데 누구를 원망할 것이며, 좋은 약이나 향수를 발라주더라도 '나'라는 것이 없는데 무엇을 기뻐하고 좋아하겠는가? '시비 분별하는 나'라는 존재가 없으므로 원망할 것도 없고 기뻐하며 좋아할 것도 없는 것이 무심한 것이다.

47장. 성내는 마음

어떤 사람이 해를 입히더라도
그 자리에서 마음을 잘 다스려
성을 내거나 원망하지 말지어다.
한 생각에 성내는 마음을 일으키면
온갖 장애가 생기게 된다.

주해

번뇌가 헤아릴 수 없이 많이 있다 하더라도
잘났다고 성내는 마음이 주는 피해가 가장 심하다.

「열반경」에서 말하였다.
"날카로운 창이나 예리한 칼로 찌르거나 좋은 약이나 향수를 발라주더라도 이 두 가지 일에 다 무심 하라."

성을 내는 일은
차가운 먹장구름 속에서 벼락 치며 일어나는 불과 같다.

48

若無忍行¹이면 萬行不成이라.

註解

行門이 雖無量이나 慈忍²이 爲根源이라.

忍心은 如幻夢이요 辱境은 若龜毛³로다.

1. **인행**忍行 인욕의 행이니 어떤 곤란이나 역경을 당하더라도 남을 원망하거나 성을 내지 않고 참아내는 마음이다. 보통 인욕에는 다섯 단계가 있다고 한다. 첫째 '복인伏忍'은 어떤 곤란이나 역경에 대하여 성내는 마음이 남아 있지만 안으로 숨기고 바깥으로 그 마음을 조금도 드러내지 않고 참는 것이다. 둘째 '신인信忍'은 '인욕'하라는 부처님의 가르침을 조금도 의심하지 않고 믿고 따르는 것이다. 셋째 '순인順忍'은 깨달음의 길을 따라 가며 모든 역경을 참아내고 생멸이 없는 부처님의 세상을 향하여 나아가는 것이다. 넷째 '무생인無生忍'은 모든 망념이 사라져 모든 법이 다 생겨날 것이 없음을 앎으로써 '인욕' 할 대상이 없는 것이다. 다섯째 '적멸인寂滅忍'은 모든 망념이 다 끊어지고 사라져 텅 빈 충만 그 자체로서 맑고 깨끗하여 고요한 마음자리이니 '인욕'이라는 개념조차 존재하지 않는 것이다. 이것을 바꾸어 말하면 '깨달음'으로서 부처님의 삶을 사는 것이다.
2. 부처님의 자비와 인욕은 주객主客이 사라져 텅 빈 충만 그 자체로서 맑고 깨끗하여 고요한 마음자리이다. 이 자리에서는 주主인 '나'라는 존재 자체가 있지 않으므로 '나'라는 주체로써 '참아내는 마음'이 있을 수 없고, '모든 경계'가 사라지므로 객客인 어떤 경계로서 곤란이나 역경이 있을 수 없다. 이 자리에서 '참는 마음'을 이야기하는 것은 실제 존재하지도 않는 꼭두각시가 꿈을 꾸는 것과 같고, 어떤 곤란이나 역경으로서 고통을 겪는 이 현실은 존재하지도 않는 거북의 털과 같다. 언제나 이와 같은 사실을 분명히 볼 수 있다면 어떤 역경이나 어려움이 오더라도 두려워 할 것이 없다.
3. 꼭두각시의 꿈이나 거북의 털은 실제로 있지 않은 것을 표현하는 말이다. 수행하는 사람들은 자기중심적인 고정관념에서 벗어나야 한다. 참으로 '나'라고 내세울 실체가 없는 줄 알면 너와 나의 차별도 있을 수 없다. 따라서 욕을 받을 주체가 없는데 욕을 주고 곤란을 줄 객체가 어디 있겠는가.

48장. 참는 마음이 없다면

참는 마음이 없다면
어떤 수행도 이루어지지 않는다.

주해
수행 방법이 셀 수 없이 많이 있어도
자비와 인욕, 그 마음을 뿌리 삼는다.

참는 마음은 꼭두각시 꿈꾸는 일이요
욕을 보는 이 현실은 거북이 털이로다.

49

守本眞心[1]이

第一精進[2]이라.

註解

若起精進心이면

是妄이니 非精進이라.

故로 云하되 莫妄想하라 莫妄想하라.

懈怠者 常常望後이니 是自棄人也라.

---

1. '본디 참마음'은 부처님 마음을 말한다. 헛생각을 떠나 있는 것이 '참'이요 신령스럽게 밝은 것이 '마음'이다. 헛생각은 오염된 중생의 마음이요, 오염된 마음을 떠나 신령스레 환하게 빛나고 있는 것은 부처님 마음이다.
2. 정진精進   아직 중생이지만 부처님의 삶을 좇아서 부처님 마음을 지켜나가는 것, 이것이야 말로 으뜸가는 정진이다. 정진을 「선가귀감언문주해」에서도 "정精은 부처님 마음에 조금도 다른 잡념이 섞이지 않는 것이요, 진進은 그 마음에서 조금도 물러나지 않고 그 마음상 태를 계속 이어가는 것이다."라고 하였다. 또 「불유교경」에서 부처님은 말씀하신다. "그대 비구들이여, 부지런히 정진하면 어떤 일도 어려울 것이 없다. 이 때문에 그대들은 부지런히 정진해야만 한다. 비유컨대 오랜 세월 작은 물방울이 쉬지 않고 떨어지면 단단한 돌도 뚫듯이 부지런히 정진하면 반드시 성불成佛할 것이다. 만약 수행하는 사람이 자꾸 게을러져 공부를 하다가 그만두면, 이는 마치 불씨를 얻으려고 나무를 비빌 때 아직 나무가 뜨거워지기도 전에 나무 비비던 일을 그만두는 것과 같다. 이런 식으로는 아무리 불씨를 얻으려고 해도 불씨는 얻을 수 없듯 끝내는 성불할 수 없을 것이다. 그러므로 끊임없이 부지런히 노력하는 것, 이를 정진이라 한다[汝等比丘 若勤精進 則事無難者 是故汝等 當勤精進 譬如小水長流 則能穿石. 若行者之心 數數懈廢 譬如鑽火 未熱而息 雖欲得火 火難可得 是名精進]."

49장. 으뜸가는 정진

본디 참마음을 지키는 것
이것이 으뜸가는 정진이다.

주해

정진한다는 마음을 짐짓 일으키면
이는 헛된 생각이니 올바른 정진이 아니다.

그러므로 분양 선사가 말했다.
"헛생각 하지 말라 헛생각 하지 말라."

게으른 사람은 늘 뒤를 바라보니
스스로 공부를 포기한 사람이다.

50

持呪[1]者

現業은 易制이어 自行可違이나

宿業은 難除이어

必借神力이니라.

註解

摩登得果[2] 信不誣矣라.

故로 不持神呪하고 遠離魔事者 無有是處니라.

---

1. **주呪** 이는 주문을 말하니 범어 'mantra'를 번역한 것이다. 신주神呪, 비밀주秘密呪, 다라니陀羅尼, 진언眞言이라고도 하며, 음역은 '만다라曼荼羅'이다. 이 주문 안에는 모든 불보살이 사바세계 온 중생을 제도하겠다는 원력이 담겨 있어 심오하고 비밀스러운 뜻이 숨어 있으므로 이 주문의 참뜻은 범부들이 함부로 알 수 있는 경계가 아니라고 한다. 주문에 들어있는 미묘한 뜻과 신비한 힘은 말로 다 설명할 수 없고 중생의 생각으로 헤아릴 수 없다 하여 '신주' 또는 '비밀주'라고 하고, 또 모든 이치가 다 갖추어져 있다는 뜻에서 '다라니[總持]'라고 하며, 이 주문은 참되어 거짓이 없는 말이라는 뜻으로 '진언'이라 말하기도 한다. '주呪'에 담겨 있는 부처님의 뜻을 어떤 각도에서 풀이하느냐에 따라 이름이 달라질 뿐 그 근본 바탕은 같다. 이 부처님의 모든 공덕이 담겨 있는 주문을 정성껏 외움으로써 생기는 힘을 주력이라고 한다. 이 주력을 통하여 우리는 많은 장애를 제거하여 성불할 수 있고 뜻하고 원하는 바를 성취할 수 있다.
2. 「능엄경」에 이런 내용이 나온다.
"마등녀는 천한 종족의 아리따운 딸인데 어느 날 탁발 나온 잘 생긴 아난 존자를 보고는 첫눈에 반하였다. 마등녀는 사악한 주문으로 아난을 유혹하려고 하였다. 그때 부처님께서 신통력으로 이 사실을 아시고는 정수리에서 오색 광명을 놓으시니 그 위에 헤아릴 수 없이 많은 연꽃들이 떠오르고 연꽃마다 부처님의 화신이 앉아 계시면서 '능엄신주'를 말씀하시고는 문수 보살에게 그 신주를 가지고 아난을 구해오라고 명하였다. 그 신주를 외워 마등녀의 사악한 주문이 소멸되자 문수 보살은 아난과 마등녀를 데리고 부처님 처소로 돌아온다. 마등녀는 전생의 업장으로 이루어진 자신의 잘못을 뉘우치고 출가하여 이 신주의 공덕으로 깨달음을 얻었다."

50장. 주력의 힘을 빌려야

주력을 한다는 것은
금생에 지은 업은 다스리기 쉬워 자기 힘으로 고칠 수 있지만
전생의 업은 없애기 어려워서
반드시 신비한 힘을 빌려야 하기 때문이다.

주해

마등녀가 깨달음을 얻었다는 것은 진실로 속이는 말이 아니다.
그러므로 신주神呪를 지니지 않고
마군의 장애를 멀리 벗어난다는 것은 옳지 않다.

51

禮拜[1]者 敬也 伏也이니

恭敬眞性하고 屈伏無明[2]이라.

註解

身口意 淸淨則 出世.

1. **예배禮拜** 절에서 드리는 예불은 불佛·법法·승僧 삼보를 공경하는 뜻을 드러내고자 두 손 모아 자신을 낮추어 절하는 의식으로 예배라고도 한다.
2. 예배를 드릴 때는 자신을 낮추는 마음과 상대방을 공경하는 마음이 들어있어야 한다. 자신을 낮추는 마음은 '나'라는 생각으로 시비 분별을 일으켰던 마음을 잠재우면 마침내 시비 분별의 근원인 미세한 무명을 굴복시켜 없앨 수 있기 때문이요, 상대방을 공경하는 마음이 담긴 절로써 몸과 마음을 깨끗하게 정화하면 자신의 참성품에 나아갈 수 있기 때문이다. 절의 종류는 일곱 가지나 된다. 첫 번째는 '나 잘났다는 절[我慢禮]'이니 아만이 있어 공손하지 못한 절이다. 두 번째는 '명예를 구하는 절[求名禮]'로 이익을 얻고자 사람들 앞에 나서서 겸손한척 머리 숙여 절하는 것이다. 세 번째는 '몸과 마음이 공손한 절[身心恭敬禮]'이니, 절하는 사람의 몸과 마음이 공손하여 정중하고 깍듯하게 올리는 절이다. 네 번째는 '지혜로워 맑고 깨끗한 절[發智淸淨禮]'이니, 절을 하는 사람이 절 자체가 수행임을 지혜롭게 알고 열심히 절을 하여 몸과 마음을 맑고 깨끗하게 닦는 것이다. 절을 함으로써 세상을 보는 안목도 달라질 뿐만 아니라 자신이 이제껏 살아왔던 모습도 바꿀 수 있기 때문이다. 다섯 번째는 '두루 법계에 들어가는 절[遍入法界禮]'이니, 한 번의 절로써 두루 법계에 계시는 시방세계 모든 부처님께 절을 하는 것이다. 절을 계속 하다보면 절을 하는 중생과 절을 받는 부처님의 마음이 서로 통하여 법계의 이치를 통달하게 되는데 이때는 한 분의 부처님께 절을 해도 시방세계 모든 부처님께 올리는 절이 된다. 여섯 번째는 '올바른 통찰로 정성 들여 하는 절[正觀修誠禮]'이니, 이 절이 시방세계 모든 부처님께 올리는 절임을 깊이 깨닫고 지극정성을 들여 하는 절이다. 절을 통하여 중생과 부처의 경계가 사라짐을 보면서 자신의 성품에 있는 부처님께 하는 절이다. 일곱 번째는 '실상 그 자체가 평등한 절[實相平等禮]'이니, 몸과 마음이 맑고 깨끗하여 절을 하는 사람의 실상이 '텅 빈 충만'이 되어 모든 것이 평등하여 중생이 부처이고 부처가 중생이 되는 절이다. 모든 차별이 사라지는 절로서 중생과 부처가 둘이 아닌 절이니 절 자체가 부처님이요 깨달음이 된다.

51장. 예배란 공경과 굴복

예배란
공경과 굴복시킨다는 뜻이니
참성품을 공경하고 무명을 굴복시킨다는 것이다.

주해

몸과 입과 뜻이 맑고 깨끗하면
이 세상에 부처님이 나오신 것이다.

52

念佛者

在口曰誦이요 在心曰念이라.

徒誦失念이면 於道無益이니라.

註解

阿彌陀佛六字法門은

定出輪廻之捷徑也라.

心則 緣佛境界 憶持不忘하고

口則 稱佛名號 分明不亂하여

如是心口相應이어야 名曰念佛이니라.

評曰

五祖[1] 云하되

守本眞心이

勝念十方諸佛이라.

---

1. 오조五祖 오조 홍인(594-674)은 중국 선종의 5조로서 호북성 기주 황매현 사람이다. 열세 살 때 4조 도신을 만나 30년을 모시다가 법을 이었다. 주로 동산에 있는 동선사에서 법을 폈고 74세 때 입적하였다. 시호는 대만大滿이라고 한다.

52장. 염불이란

염불이란
입으로만 부처님을 외울 때는 송불誦佛이요
마음속에 기억하고 외울 때는 염불念佛이다.
부질없이 중얼거리면서 마음속의 부처님을 잃어버린다면
도에는 아무런 이익이 없다.

주해

나·무·아·미·타·불 여섯 자 법문은
반드시 윤회를 벗어나게 하는 지름길이다.
마음에서 부처님의 세상을 잊지 않고
입으로는 부처님의 명호를 똑똑히 불러
마음과 입이 서로 잘 어우러져야 염불이라 한다.

평하여 말하기를

오조 홍인이 말하였다.

"본디 참 마음을 지키는 것이 시방세계 모든 부처님을 염불하는 것보다 낫다."

八祖 云하되

常念他佛이면 不免生死이나 守我本心이면 卽到彼岸[1]이라.

又 云하되 佛向性中作이요 莫向身外求어다.
又 云하되 迷人은 念佛求生이나 悟人은 自淨其心이라.

又 云하되 大抵衆生 悟心自度요 佛不能度衆生云云.

如上諸德
直指本心이지 別無方便이니라.

理實如是인데
然이나 迹門에 實有極樂世界阿彌陀佛하고 有四十八大願일새
凡念十聲者 承此願力으로
往生蓮胎하여 徑脫輪廻라.
三世諸佛이 異口同音하고 十方菩薩도 同願往生이라.

又況 古今에 往生之人 傳記에 昭昭하니
願諸行者 愼勿錯認하고 勉之勉之어다.

---

1. **피안彼岸** 피안은 부처님 세상을 말한다.

육조 스님이 말하였다.

"늘 다른 부처님을 생각하면 생사를 면치 못하나 '내 본마음'을 지키면 피안에 도달한다."
"부처님을 자신의 성품에서 찾을 일이요 몸 밖에서 찾지 말지어다."
"어리석은 사람은 염불로 극락왕생을 구하지만 깨친 사람은 스스로 그 마음을 깨끗이 할 뿐이다."
"중생이 마음을 깨달아 스스로 제도할 일이요 부처님이 중생을 제도할 수 있는 것이 아니다."

이처럼 큰스님들은
바로 본디 마음을 가리켰지 따로 방편을 쓰지 않았다.

이치로는 실제 이와 같은데, 그러나 부처님의 자취에 참으로 극락세계 아미타 부처님이 있고 아미타불이 세운 마흔여덟 가지 큰 원력이 있으므로, 아미타불을 열 번 소리 내어 염불하는 사람은 이 원력의 힘으로 극락왕생하여 빠르게 윤회에서 벗어날 것이다. 삼세 모든 부처님이 저마다 똑같이 말씀하셨고, 시방세계 보살들도 똑같은 원으로 극락왕생하였다.
또한 옛날이나 지금이나 극락세계에 왕생한 사람들의 행적이 분명히 전해지니 바라옵건대 모든 수행자는 염불의 뜻을 착각하지 말고 부지런히 이 공부에 힘쓰고 또 힘쓸 일이다.

梵語에 阿彌陀는

此云하면 無量壽며

亦云 無量光이니

十方三世第一佛號也라.

因名은 法藏比丘인데

對世自在王佛 發四十八願하여 云하되

我作佛時

十方無央數世界諸天人民 以至蜎飛蝡動之流 念我名十聲者

必生我刹中하리니

不得是願이면 終不成佛云云이라.

先聖 云하되

唱佛一聲하면

天魔喪膽하고 名除鬼簿하며 蓮出金池니라.

又 懺法에 云하되

自力他力에 一遲一速하니

欲越海者

種樹作船이면 遲也니 比自力也요

借船越海는 速也니 比佛力也이니라.

산스크리트어에 '아미타'는
우리말로 하면 '헤아릴 수 없이 영원한 생명'이라 하며
또는 '헤아릴 수 없이 영원한 빛'이라고 하니
시방삼세 으뜸가는 부처님의 명호이다.

수행할 당시의 이름은 법장 비구인데
세자재왕 부처님 앞에서 마흔여덟 가지 원을 세워 말하였다.
"제가 성불할 때 시방세계 모든 중생 나아가 꿈틀거리는 작은 벌레조차 내 명호를 기억하고 열 번 소리 내어 부른다면 그들은 반드시 저의 국토에 태어날 것입니다. 이 원이 이루어지지 않는다면 저는 결코 성불하지 않겠습니다."

옛 성현은 말씀하셨다.
"부처님 명호를 소리 내어 부르면 천마의 간담이 서늘해지고 그 이름이 저승의 명부에서 지워지며 금빛물결에 연꽃이 피어 극락왕생한다."

또 「미타참법」에서 말하였다.
"자력自力과 타력他力에서 하나는 더디고 하나는 **빠르다**. 바다를 건너려고 하는 사람이 나무를 심어 배를 만들려면 더디니 이는 자력에 비유하는 것이요 남의 배를 빌려서 바다를 건넌다면 **빠르니** 이것은 부처님의 힘에 비유한다."

又曰하되

世間稚兒 迫於水火하여 高聲大叫則

父母聞之하고 急走救援하듯

如人이 臨命終時 高聲念佛則 佛具神通 決定來迎爾라

是故로 大聖慈悲 勝於父母也요

衆生의 生死 甚於水火也이니라.

有人 云하되

自心淨土이니 淨土에 不可生이요 自性彌陀이니 彌陀는 不可見이라하는데

此言이 似是而非라.

彼佛은 無貪無瞋인데 我亦無貪無瞋乎아.

彼佛은 變地獄 作蓮花 易於反掌이나

我則 以業力으로 常恐自墮於地獄인데

況變作蓮花乎아.

彼佛은 觀無量世界 如在目前이나

我則 隔壁事도 猶不知인데

況見十方世界 如目前乎아.

是故로 人人性則雖佛이나 而行則衆生이니

論其相用하면 天地懸隔이니라.

또 말하였다.

"세상에서 어린애가 큰 불이나 물난리에 쫓겨 큰 소리로 살려 달라고 애절하게 부르짖으면 부모들이 이 소리를 듣고 급히 달려가 구해 내듯 사람들이 임종할 때 큰 소리로 염불하면 부처님께서 신통력으로 반드시 맞이해 갈 것이다. 이 때문에 부처님의 자비는 부모보다 더 지극정성이요 중생의 생사는 물이나 불의 재앙보다 더 심한 것이다."

어떤 사람이 "자기 마음이 정토이니 새삼스레 정토에 가서 날 것이 무엇이며 자기 성품이 아미타불이니 아미타불을 보려고 애쓸 것이 무엇인가?"라고 말하는데, 이 말이 옳은듯하지만 틀렸다.

저 부처님은 탐욕과 성냄이 없는데 나도 탐욕이 없고 성냄도 없단 말인가?
부처님은 지옥을 연화세계로 손쉽게 바꾸지만 나는 지은 업 때문에 지옥에 떨어질까 늘 걱정하는데 하물며 지옥을 연화세계로 바꿀 수 있단 말인가?
저 부처님은 헤아릴 수 없이 많은 세계를 바로 눈앞에서 보듯 하지만 나는 담 넘어 일도 오히려 알지 못하는데 하물며 시방세계를 눈앞에서 펼쳐 볼 수 있단 말인가?

이 때문에 사람마다 그 성품이 부처라도 행실은 중생이니
그 모습과 쓰임새를 논한다면 하늘과 땅만큼 차이가 있다.

圭峰이 云하되 設實頓悟나 終須漸行이라. 誠哉라 是言也여. 然卽寄語自性彌陀者하노니 豈有天生釋迦自然彌陀耶아. 須自忖量하면 豈不自知리오. 臨命終時 生死苦際에 定得自在否아. 若不如是라면 莫以一時貢高로 却致永劫沈墮어다.

又 馬鳴龍樹 悉是祖師이나 皆明垂言敎하여 深勸往生이라 我何人哉라고 不欲往生인고. 又佛自云하되 西方去此遠矣라 十萬[十惡]八千[八邪][1]이니라 此爲鈍根說相也라. 又云하되 西方去此不遠이라 卽心[衆生]是佛[彌陀]이니라 此爲利根說性也라.

敎有權實하고 語有顯密하니 若解行相應者라면 遠近俱通也니라

故로 祖師門下에
亦有或喚阿彌陀佛者慧遠이고
或喚主人公者瑞巖[2]이니라.

---

1. **십만팔천十萬八千** 「육조단경」에서 육조 스님이 말하였다. "서방극락세계의 거리를 십만팔천리라고 이야기하는 것은, 곧 몸 가운데에 있는 십악十惡과 팔사八邪를 비유해 '멀다'라는 뜻으로서 말한 것이다. 서방극락세계를 '멀다'라고 한 것은 지혜가 없는 사람을 위해서 한 말이요, 가깝다고 설한 것은 지혜가 뛰어난 사람을 위하여 한 말이다. 사람에게는 두 종류가 있지만 법에는 두 가지가 없다. 어리석음과 깨달음의 지혜가 다르므로 서방극락세계를 보는 것에 빠르고 더딤이 있다. 어리석은 사람은 끊임없이 부처님을 불러 서방극락세계에 태어나기를 바라지만 깨친 사람은 스스로 자신의 마음을 맑고 깨끗하게 한다. 그러므로 부처님께서 '마음이 깨끗해지므로 부처님의 국토가 맑고 깨끗해진다'고 말씀하셨다."
2. **서암瑞巖** 암두 화상의 제자이다. 날마다 혼자 스스로 다음과 같이 묻고서 대답했다고 한다. "주인공아!" "예" "마음이 깨어 있거라." "예" "뒷날 다른 사람에게 속지 말아라." "예"

규봉 스님은 "부처의 이치를 실로 단숨에 깨닫더라도 중생의 행실은 끝내 점차 고쳐나가야 할 것이다." 하였으니, 참으로 이것은 옳은 말이다. 그런즉 자신의 성품이 아미타불이라는 사람에게 묻겠다. 당신 말대로라면 이 세상에 존재하는 석가모니와 아미타불이 어찌 있을 수 있겠느냐? 스스로 조금 생각해 보면 어찌 이 사실을 저절로 알 수 없겠는가? 죽을 때 생사의 고통에서 정말 자재할 수 있겠느냐? 그렇지 못하다면 한때 잘난 마음으로 인해 영원히 삼악도에 떨어지지 말지어다.

또 마명과 용수도 조사 스님이었지만 모두 분명한 가르침을 내려 극락왕생을 간절히 권하였다. 그런데 내가 누구라고 극락왕생을 마다하겠는가? 또 부처님께서 친히 "서방극락정토가 여기서 멀리 십만 팔천 리나 된다."고 한 것은 둔한 사람을 위하여 현상을 가지고 말씀하신 것이다. 또 "서방 극락정토가 여기에서 멀지 않다. 마음 자체가 부처니라." 한 것은 총명한 사람을 위하여 근본 성품을 말씀하신 것이다.

가르침에는 방편과 실상이 있고 말에는 드러나고 감추어진 뜻이 있으니 '앎'과 '수행'이 서로 어울리는 사람이라면 멀든 가깝든 서방 세계 이치에 다 통하는 것이다.

그러므로 조사 스님 문하에도
혜원처럼 아미타불을 부르는 사람도 있고
서암처럼 주인공을 부르는 사람도 있었다.

53

聽經하면 有經耳之緣 隨喜之福[1]이라.

幻軀[2] 有盡이나 實行不亡이니라.

註解

此明智學 如食金剛[3]이어 勝施七寶니라.

壽師 云하되

聞而不信이라도 尙結佛種之因이고

學而不成이라도 猶蓋人天之福이니라.

---

1. **경이지연經耳之緣** 부처님의 가르침이 귀에 한 번 스치게 되는 인연이라는 것은 부처님의 가르침을 한 번 들으면 그 가르침이 마음에 영원히 새겨진다는 것이다. 그 가르침이 마음에 한번 새겨지면 우리는 그 가르침을 따라 기뻐하지 않을 수 없다. 왜냐하면 이 가르침으로 뒷날 중생의 온갖 고통을 여의고 영원히 즐거움을 누리는 부처님 세상으로 갈 수 있기 때문이다. 이 가르침은 깨달음으로 가는 가장 요긴한 길이요, 생사의 바다를 건너게 하는 자비로운 반야용선이 되기 때문이다.
2. **환구幻軀** 우리 중생들의 몸은 알고 보면 무명의 업으로 이루어진 '허깨비와 같은 번뇌덩어리'이다. 이는 허망한 중생의 인연이 모여 만들어진 것이니 이 인연이 흩어지면 우리 몸은 허공 속의 지수화풍地水火風 사대四大로 다시 돌아간다는 것이다[有盡]. 땅, 물, 불, 바람의 기운이 모여 만들어진 이 몸은 허망한 것이어서 허깨비와 같으니 아끼고 애지중지하여 안타까워 할 것이 아니다. 멀고 먼 옛날부터 오늘에 이르기까지 참마음을 알지 못하는 무명 때문에 중생들의 생로병사가 생겨났을 뿐이다. 부처님의 가르침을 통하여 이 사실을 알고 무명 이전의 참마음을 깨닫는다면 이것이야말로 진실한 수행이 된다. 진실한 수행으로 나타난 참마음 이것이 영원한 부처님의 세상이니 그 세상은 없어지지 않는다[實行不亡].
3. **금강金剛** 「화엄경」 '여래출현품'에서 이르기를 "아주 작더라도 금강석은 뱃속에서 소화되지 않고 몸 밖으로 나온다. 왜냐하면 금강석은 육신의 더러운 오물들과 같이 있을 수 없기 때문이다. 부처님 가르침으로 작은 씨앗을 심는 것도 이러하여 이 씨앗은 온갖 번뇌를 뚫고 무위열반에 이르게 한다. 왜냐하면 이 가르침은 아주 작더라도 온갖 번뇌와 더불어 같이 머물 수가 없기 때문이다."라고 하였다.

53장. 부처님 가르침을 듣게 됨에

부처님 가르침을 들으면
법을 알게 되는 인연과 법을 따라 기뻐하는 복덕이 따른다.
허깨비 같은 이 몸이야 다할 날이 있지만
진실한 수행은 없어지지 않는다.

주해

여기서는 부처님의 지혜를 배우는 것이
금강석을 삼켜도 없어지지 않는 것과 같아
칠보를 보시하는 복덕보다 훨씬 더 큰 것임을 밝힌다.

그러므로 영명 연수永明延壽(904-975) 스님은 말한다.

"부처님의 가르침을 듣고는 믿지 않더라도
이미 듣는 자체로 부처의 씨앗이 되었고
부처님의 가르침을 배우고는 이루지 못했더라도
인간이나 천상의 복덕보다도 훨씬 더 크다."

54

看經하되

若不向自己上做工夫이면

雖看盡萬藏이라도

猶無益也이니라.

註解

此明遇學은 如春禽晝啼 秋蟲夜鳴[1]이니라.

密師 云하되

識字看經은 元不證悟이니 銷文釋義는 唯熾貪瞋邪見[2]이니라.

---

1. 춘금주제春禽晝啼 추충야명秋蟲夜鳴 「호법론護法論」에서 따온 글인데 앞뒤 내용을 살펴보면 "경을 보는 모습이 겉으로는 번듯한 자세를 갖추었더라도 안으로는 정신이 오락가락하여 마음이 안정되어 있지 않다면 경전 속에 있는 검은 글자들만 아무 의미 없이 더듬고 있을 뿐이니, 이것이 어찌 아무런 의미 없이 화창한 봄날에 새들이 지저귀고 깊은 가을밤에 풀벌레들이 우는 것과 다를 것이 있겠느냐? 비록 경전을 백만 번 읽는다 할지라도 과연 여기에 무슨 이익이 있을 수 있겠느냐?"라고 되어 있다.
2. 이 부분은 규봉 종밀 스님의 저서 「도서」에서 인용한 것이다.
"만약 자신의 마음을 몰랐다면 드러난 가르침에만 집착한 것이니 부처님의 도를 구하려고 하는 사람이 어찌 있는 자리에서 진리를 드러내 보려 하지 않습니까? 글자나 알고 경만 보는 것으로는 본디 깨칠 수 있는 것이 아닙니다. 글귀나 새기고 말뜻이나 풀어 보는 것은 탐욕이나 성냄, 삿된 소견만 더 일으키게 할 뿐입니다. 더구나 아난은 부처님의 법문을 많이 듣고 다 외웠지만 오랜 세월 성인의 깨달음에 오르지를 못했습니다. 그러나 모든 인연을 쉬고 자신의 마음을 돌이키는 순간 생멸이 없는 무생無生을 증득하였습니다. 이것으로 곧 부처님의 가르침이 주는 이익과 중생을 제도하는 방법이 저마다 그 까닭이 있음을 알아야 합니다. 그러므로 문자만 귀하게 여길 것은 아닙니다."

54장. 마음공부가 익지 않는다면

부처님 경전을 보되
마음공부가 익지 않는다면
온갖 경전을 다 보았다 해도
공부에는 아무런 이익이 없다.

주해

여기서 어리석은 공부는
화창한 봄날에 새들이 지저귀고
깊은 가을밤 풀벌레 우는 것과 같아서
아무런 의미가 없음을 밝힌다.

종밀 스님은 말한다.

"글자나 알고 경전 보는 것으로는
본디 깨칠 수 있는 것이 아니니
글귀나 새기고 말뜻이나 푸는 것은
탐욕, 성냄, 삿된 소견만 더 일으킬 뿐이다."

55

學未至於道에

衒耀見聞하며

徒以口舌辯利相勝者[1]라면

如厠屋塗丹雘이니라.

註解

別明末世愚學이라.

學本修性인데

全習爲人[2]이니

是誠何心哉이리오.

---

1. **구설**口舌 입과 혀를 말하는데 여기서는 입에 발린 말로써 말재주를 부린다는 뜻이다. 변리辯利는 수다스럽게 말을 많이 하여 교묘하게 상대방을 속여서 자신의 이익을 챙기려는 말이고, 상승相勝은 자신의 이익을 잃지 않으려고 온갖 말재주로 서로 다투는 것을 말한다.
2. **전습위인**全習爲人 도를 이루려 공부하면서도 오로지 익히는 일이[全習] 남한테 보여주기 위한 일이 되어 버렸다는[爲人] 것인데, 이것이야말로 공부하는 이에게는 참으로 어리석은 행동이 된다.

55장. 뒷간의 화려한 단청

공부하면서 도를 이루기도 전에
자신의 견문을 자랑하고 뽐내면서
부질없이 말재주로 이익 보려 서로 다툰다면
이는 뒷간에다 화려한 단청을 하는 것과 같다.

주해

따로 말세의 어리석은 공부를 밝힌다.

배움이란 본디 자신의 성품을 닦는 것인데
공부가 전부 남에게 보여주는 일이 되어 버리니
이것이 참으로 공부하는 사람의 마음가짐이란 말인가?

56

出家人 習外典은

如以刀割泥이듯

泥無所用이고

而刀自傷焉[1]이라.

註解

門外長者子

還入火宅中[2]이로다.

1. **외전外典** 이 글은 「대론大論」에서 인용한 것이다. 부처님의 가르침이 담긴 경전과 선서, 어록은 내전이라 하고 부처님 가르침 이외의 세간의 모든 종교와 사상을 담은 책들을 외전이라고 한다.
2. 세속을 떠나 부처님 가르침을 공부하는 스님들이 중생들을 교화하기 위한 방편으로 쓸 목적이라면 외전일지라도 참고로 볼 수는 있을 것이다. 그러나 부처님 가르침을 잘 모르면서 세속의 잡서에 취미를 붙이거나 그것에 몰두하여 문학이나 예술을 익힌다는 것은 칼로 진흙을 자르는 것처럼 수행에는 아무런 이익이 없다. 이것은 출가한 사람이 세상살이에 다시 뛰어드는 격이다. 마치 「법화경」의 비유처럼 아버지가 아이들을 불타는 집에서 구하기 위하여 장난감과 보배가 가득한 수레를 주겠다고 방편으로 설득하여 가까스로 데리고 나왔는데, 그 위험을 모르고 아이들이 다시 불타는 집으로 뛰어드는 것과 같아 참으로 어리석지 않을 수 없다.

56장. 출가인이 외전을 공부하는 것은

출가한 사람이 외전을 공부하는 것은
칼로 끈적끈적한 진흙을 자르는 것 같아
잘라진 진흙처럼 아무런 쓸모가 없고
예리한 칼만 절로 망가진다.

주해

문 밖에 나와 있던 장자네 아이들이
다시 불붙은 집 안으로 들어가도다.

57

出家爲僧 豈細事乎아.

非求安逸也 非求溫飽也 非求利名也라

爲免生死也 爲斷煩惱也

爲續佛慧命¹也 爲出三界²度衆生也니라.

註解

可謂 衝天大丈夫로다.

---

1. **불혜명佛慧命** '혜명慧命'은 지혜를 생명으로 삼는다는 뜻이다. 색신色身인 중생의 몸은 음식에 의지해야 그 생명을 유지할 수 있지만 부처님의 몸은 지혜에 의지해야 그 생명이 보장되기 때문이다. 그러므로 지혜를 기르지 않으면 부처님이 될 수 없다.
2. **삼계三界** 우리 중생들이 사는 세상을 셋으로 나눈 욕계欲界·색계色界·무색계無色界를 말한다. '욕계'는 음욕淫欲이나 식욕食欲과 같은 세속의 욕망을 품고 사는 중생들의 세계이다. 지옥·아귀·축생·수라·인간세계를 비롯하여 하늘나라 맨 밑에 있는 육욕천六欲天이 모두 여기에 해당한다.
'색계'는 음욕과 식욕을 벗어나 맑고 깨끗한 모습만 가지고 사는 중생들의 세계이다. 욕계 위에 있고 그 세상은 밝고 아름다운 느낌의 행복만 가득하므로 색계라고 한다. 이곳은 천인들이 머물며 빛으로 음식을 삼거나 언어로 쓰기도 한다. 선정의 깊고 얕음에 따라 네 등급으로 나누어 '사선천四禪天'이라 말하기도 하고 이 네 등급을 다시 열여덟 등급으로 나누어 '색계십팔천色界十八天'이라고도 한다.
'무색계'는 욕망이나 물질로 이루어진 세계가 아니고 오직 수受·상想·행行·식識 네 마음만 남아 있는 세상이다. 이 세계는 심식心識이 욕망이나 눈에 보이는 물질의 장애를 벗어나 오직 오묘하고 깊은 선정에 있을 뿐이므로 무색계라고 한다. 그러나 아직 미세한 망상은 남아 있다. 이 세계는 색계 위에 있고 공무변처空無邊處·식무변처識無邊處·무소유처無所有處·비상비비상처非想非非想處로 나누어져 있기 때문에 사무색계四無色界라고도 한다.

57장. 스님 되는 일

출가하여 스님 되는 일이 어찌 작은 일이겠는가?
편하고 한가로운 생활을 구하는 것도 아니요
따뜻이 입고 배불리 먹으려는 것도 아니며
명예와 이익을 얻으려는 것도 아니다.

생사의 괴로움에서 벗어나려는 것이요
번뇌를 끊으려는 것이며
부처님 지혜를 이으려는 것이고
삼계를 벗어나 중생을 제도하려는 것이다.

주해
기개가 하늘을 찌를 만한 대장부로다.

58

佛云하되 無常之火 燒諸世間[1]이라 又云하되 衆生苦火 四面俱焚[2]이라 又 云하되 諸煩惱賊[3] 常伺殺人이니라. 道人은 宜自警悟하고 如救頭燃하라.

註解

身有生老病死이고 界有成住壞空[4]이며 心有生住異滅[5]이라.

此無常苦火 四面俱焚者也니라.

謹白參玄人[6]

光陰莫虛度하라.

---

1. **무상無常** '이 세상 모든 것이 흐르는 세월 속에서 늘 변하는 것이므로 영원할 것이 없다'라는 뜻이다.
2. 중생에게는 몸에 집착함으로 생기는 '생로병사'의 고통이 있고, 사랑하는 마음에 집착하여 사랑하는 이와 떨어져 살아야 하는 '애별리고愛別離苦'의 고통이 있으며, 원한과 증오심을 떨치지 못해 미워하는 사람을 보고 살아야 하는 '원증회고怨憎會苦'의 고통이 있고, 갖고자 하나 마음대로 가질 수 없는 '구불득고求不得苦'의 고통이 있다. 이 모든 괴로움은 실체가 없는 것인데도 불구하고 시비 분별로 중생들이 거기에 집착하여 생기는 고통이다. 중생들을 애태우는 이런 괴로움이 우리 주변에 가득 차 있으므로, 부처님께서 "중생들을 애태우는 불길이 사방에서 치솟아 오르고 있다."라고 말씀하셨다.
3. **번뇌적煩惱賊** 세상의 경계를 분별하여 집착함으로써 생기는 번뇌는 수행자의 공부를 방해한다. 이 번뇌는 분별이 없는 부처님의 생명과도 같은 지혜 곧 '법신法身'을 손상시키므로 남의 생명을 앗아가는 도적에 비유하여 말하기도 한다.
4. **성주괴공成住壞空** 많은 인연이 모여 만들어진 세상이 일정기간 그 모습을 유지하다가 허물어지고 사라져 가는 과정을 말한다.
5. **생주이멸生住異滅** 중생의 마음이 한 생각 일어나 잠깐 그 마음이 지속되다 또 바뀌고 사라져 가는 과정을 말한다.
6. **참현인參玄人** 깊은 진리를 찾아 공부하는 사람을 말한다.

58장. 덧없는 세월의 불꽃

부처님께서 말씀하셨다.

"덧없는 세월의 불꽃이 온 세상을 불사른다."
"중생을 괴롭히는 불길이 사방에서 치솟아 오른다."
"생명을 앗아가는 번뇌들이 사람을 죽이려고 늘 엿본다."

"도를 닦는 사람들은
반드시 이 점을 깨닫고
머리에 붙은 불을 끄듯 공부해야 한다."

주해

몸에는 '생로병사'의 괴로움이 있고
세상은 '성수괴공'의 허망함이 있으며
마음에는 '생주이멸'의 무상함이 있다.

이 덧없는 불길의 고통이 사방에서 함께 타오르고 있다.

삼가 아뢰노니 진리를 찾는 사람들이여
아까운 세월을 헛되이 보내지 말지어다.

59

貪世浮名은 枉功勞形[1]이요
營求世利[2]는 業火加薪[3]이니라.

註解

貪世浮名者

有人 詩로 云하되

鴻飛天末 迹留沙

人去黃泉 名在家.

1. **왕공노형枉功勞形** '왕공枉功'은 공력을 잘못 들이는 것이며, '노형勞形'은 공력을 헛되이 잘못 쓰게 됨으로써 공부에는 아무런 진전이 없이 몸과 마음만 지치게 만들었다는 것을 말한다. 헛된 이름을 탐하는 중생들의 어리석음은 생사윤회를 벗어나는 데에는 아무런 도움이 되지 않고 도리어 중생의 무거운 업만 가중시킨다.
2. **영구세리營求世利** '세상의 잇속[世利]'에 관심을 갖고 거기에 인연을 맺어 그 이익을 추구하는 것[營求]이다.
3. **업화가신業火加薪** 세상 사람들은 재물과 명예, 이성異性에 대한 소유욕에서 벗어나지 못하고 끊임없이 찾아 헤매고 집착하며 살아가는데 이것이 바로 중생의 업이다. 이 업의 바탕에는 중생의 욕망이 들어 있다. 이 욕망의 불길이 훨훨 타오르고 있으므로 '업화業火'라고 한다. 세상의 잇속을 찾아다니는 것은 욕망의 불길이니, 욕망을 부리면 부릴수록 그 욕망의 불길은 커지기만 하여 중생의 업화業火에 기름을 끼얹는 것이다. 그래서 세상의 잇속을 찾아다니는 것을 '업화가신業火加薪'이라고 한 것이다. '불길처럼 타오르는 중생의 업[業火]에 기름을 끼얹어 더 많은 고통을 가중시킨다[加薪]'고 말하는 것이다.

59장. 업의 불길에

세상의 뜬 이름을 탐하는 것은
쓸데없이 몸과 마음을 지치게 하는 것이요
세상의 잇속을 찾아다니는 것은
타오르는 업의 불길에 기름을 끼얹은 격이다.

주해

세상의 뜬 이름을 탐한다는 것에 어떤 사람이 시로 말하였다.

기러기는 하늘 멀리 날아갔는데
모래 위에 발자취만 남아있도다
사람들은 저승으로 가고 없는데
그 집안에 이름들만 남아있구나.

營求世利者 有人 詩로 云하되

採得百花成蜜後
不知辛苦爲誰甛고.

枉功勞形者는
鑿氷彫刻이듯
不用之巧也라.

業火加薪者는
麤弊色香[1]이
致火之具也니라.

---

1. **추폐색향麤弊色香**　중생의 업은 좋은 물건, 아름다운 소리, 향기로운 냄새, 맛깔스러운 맛, 상큼한 느낌, 자신의 판단 이 여섯 가지 경계에 집착하여 욕망의 대상으로 삼는다. 여섯 가지 경계 곧 육경六境인 색色·성聲·향香·미味·촉觸·법法을 줄여 색향色香이라 한다. 이것들이 중생이 살아가는 삶을 추하게, 거칠고[麤] 나쁘게[弊] 만들어가므로 추폐색향麤弊色香이라고 한 것이다.

세상의 잇속을 찾아다닌다는 것에 어떤 사람이 시로 말하였다.

온갖 꽃을 찾아 다녀 애써 꿀을 모았는데
그 고생은 그냥 두고 어느 누가 입 다실까?

쓸데없이 몸과 마음을 지치게 한다는 것은
얼음을 조각하여 예술품을 만드는 일처럼
쓸모없는 기교를 부렸다는 것이다.

업의 불길에 기름을 끼얹는 격이라는 것은
빛깔이나 향기에 싸인 온갖 물건들이
불같은 욕망을 일으키는 재료라는 것이다.

60

名利衲子[1]는 不如草衣野人이라.

註解

唾金輪하고 入雪山[2]은 千世尊 不易之軌則인데 末世 羊質虎皮[3]之輩가 不識廉恥하고 望風隨勢 陰媚取寵하니 噫라 其懲也夫인저. 心染世利者 阿附權門하여 趨走風塵이라가 返取笑於俗人이라. 此衲子以羊質은 證此多行이니라.

---

1. **납자衲子** 수행자로 풀이한 '납자衲子'는 낡은 누더기 옷을 입고 사는 사람이다. '납衲'은 낡은 천을 더덕더덕 기워서 만든 누더기 옷을 말한다. 세상에서 쓰다버린 낡은 천 쪼가리를 여러 개 이어 옷을 만들다 보니 그 쪼가리 천의 숫자가 많아졌으므로 '백납의百衲衣'라 말하기도 하고, 천 조각이 많다보니 여러 가지 색깔이 어울려 오색 천으로 만들어진 옷이 됨으로서 '오납의五衲衣' 또는 '오색의五色衣'라 말하기도 한다. 누더기 옷 한 벌만 걸치고 떠도는 구름처럼 흐르는 물결처럼 사방으로 눈 밝은 선지식을 찾아다니면서 공부하는 수행자의 모습은 아름답다. 이와는 반대로 자기 본 모습을 망각하고 분수에 넘치게 세속의 명예와 이익을 좇아 사치스럽게 사는 수행자를 '명리납자'라고 한다.
2. **타금륜입설산唾金輪入雪山** 황금바퀴로 굴러가는 수레에 침을 뱉고 설산에 들어갔다는 뜻이다. '금륜'은 황금바퀴로 굴러가는 수레인데 온 천하를 통일한 전륜성왕만이 타고 다닌다. 이 수레에 '침을 뱉었다'는 것은 천하를 호령하는 전륜성왕의 높은 자리도 도道를 닦기 위해서 어떤 미련도 없이 버렸다는 것이다. '설산'은 눈 덮인 히말라야 산이다. 전통적으로 인도에서는 도를 닦기 위하여 수행자들이 설산으로 들어간다고 한다.
3. **양질호피羊質虎皮** 풀이하면 '양의 성질과 호랑이 가죽'이라는 말이다. 이 말은 중국 한나라 양웅揚雄이 지은 「법언法言」에 나오는 말이다. 순한 양이 커다란 호랑이 가죽을 덮어쓰고 호랑이 흉내를 냈지만, 풀을 보면 풀을 뜯어먹었고 승냥이를 보면 승냥이가 무서워 벌벌 떨었다는 이야기에서 나왔다. 양의 본질을 바꾸지 못한 채 호랑이 가죽만 뒤집어쓰는 것은 진짜 호랑이가 될 수 없다는 의미로 쓰인다. 출가한 사람의 마음씀씀이가 바뀌지 않으면 겉으로 제아무리 수행자처럼 잘 꾸며도 사실 세상 사람들과 다를 게 아무것도 없다.

60장. 명예와 이익을 좇는 수행자

세속의 명예와 이익을 좇는 수행자는
아무 것도 모르고 사는 산골사람만도 못하다.

주해

왕이란 자리도 버리고 깊은 산에 들어간 것은
모든 부처님도 바꾸지 못할 영원한 규범인데
말세에 겉과 속이 다른 무리들이 부끄러움도 모르고
바람몰이 세력을 좇아 교태를 보이며 아첨하니
아! 잘못된 그 모습을 뉘우칠지어다.

마음이 세상의 잇속에 물든 수행자는
권력에 아부하여 흩날리는 먼지처럼 살다가
도리어 세속 사람들의 웃음거리가 되고 만다.

이런 수행자를 어리석다고 하는 것은
이것을 증명할 많은 행실들이 있었기 때문이다.

61

佛云하되

云何賊人 假我衣服하고 裨販如來하여 造種種業인고.

註解

末法比丘에 有多般名字이니 或鳥鼠僧[1] 或啞羊僧[2] 或禿居士[3] 或地獄滓 或袈裟賊이니라. 噫 其所以 以此니라. 裨販如來者 撥因果하고 排罪福하여 沸騰身口 迭起愛憎하니 可謂惑也니라.

避僧避俗曰 鳥鼠 舌不說法曰 啞羊 僧形俗心曰 禿居士 罪重不遷曰 地獄滓 賣佛營生曰 被袈裟賊이니라. 以被架裟賊일새 證此多名이니라.

---

1. **조서승鳥鼠僧** 절에 가면 스님인척 하고 세속에 나가면 속인인척 하여 스님도 아니고 속인도 아니면서, 세상의 잇속을 찾아 때로는 스님 노릇도 하고 때로는 속인처럼 행세하는 사람이 있으니, 이를 일러 '박쥐중[조서승鳥鼠僧]'이라고 한다. 「불장경佛藏經」에서 이르기를 "박쥐는 새를 잡으려고 할 적에는 땅속에 들어가 쥐가 되고, 쥐를 잡으려고 할 적에는 공중에 날아가 새가 된다. 그러나 실로 새 축에도 낄 수 없으니 그 몸에서는 냄새가 나고 늘 어두운 곳을 좋아한다. 사리불이여! 계행을 깨뜨린 비구도 그와 같아서 올바른 스님 축에도 못 들고 세상사람 축에도 끼지 못하는 중도 속인도 아닌 것을 '박쥐중'이라고 한다." 라고 하였다.
2. **아양승啞羊僧** 「대지론」에서 이르기를 "파계승은 아닌데 부처님의 가르침을 몰라 지혜가 없으므로 좋고 나쁜 것을 구별 못하고 옳고 그름을 판단할 줄 모른다. 옆에서 사람이 죽었더라도 벙어리 염소처럼 말할 줄 모르는 사람과 같으니 이를 일러 '벙어리 염소 중[啞羊僧]'이라고 한다."라고 하였다.
3. **독거사禿居士** 머리를 깎고 먹물 옷을 입은 것은 스님 모습인데 마음은 항상 '어떻게 해야 돈을 벌어 세상에 나가 장가를 들어 살까?' 하는 생각뿐이니 이를 일러 '머리 깎은 거사'라고 한다.

61장. 부처님을 파는 도적들

부처님께서 말씀하셨다.
"어찌하여 도적들이 거짓으로 내 옷을 입고
부처님을 팔아 온갖 나쁜 업을 짓는단 말이냐?"

주해

말법 비구에게 많은 이름들이 있으니 '박쥐중' '벙어리 염소 중' '머리 깎은 거사' '지옥찌꺼기' '가사 입은 도둑' 같은 것들이다. 아! 그 까닭은 부처를 팔아 온갖 나쁜 업을 짓기 때문이다. 부처를 판다는 것은 인과를 믿지 않고 죄나 복이 없다 하여 몸과 입을 쉴 새 없이 놀려 애증을 일으키는 것이니 참으로 가엾고 안타까운 일이다.

밤낮으로 복장이 달라지는 것을 '박쥐중'이라 하는 것이요 혀가 있는데도 설법할 줄 모르는 것을 '벙어리 염소 중'이라 하며 복장은 스님인데 속인의 삶을 사는 것을 '머리 깎은 거사'라고 하는 것이요 죄질이 무거워 지옥에서 옴짝달싹할 수 없게 될 것을 '지옥 찌꺼기'라고 하며 부처를 팔아 생계를 유지하는 것을 '가사 입은 도둑'이라고 한다. 이들은 모두 가사를 입은 도적이기 때문에 이와 같은 많은 이름을 얻게 된 것이다.

62

於戱라 佛子[1]여

一衣一食에 莫非農夫之血하고

織女之苦인데

道眼未明이면

如何消得이리오.

註解

傳燈에

一道人은 道眼未明故로

身爲木菌 以還信施[2]니라.

---

1. **불자佛子** 부처님의 제자로 부처님의 아들이란 뜻이다. 불교를 믿는 사람은 남녀노소, 승려와 속인을 가릴 것이 없이 누구나 다 부처님의 제자이다. 그것은 부처님의 가르침을 통하여 새로운 생명을 얻었기 때문이다. 새로운 생명 새로운 삶을 통하여 부처님의 가르침과 부처님의 세상을 이어받을 것이기 때문이다.
2. 가나제파 존자가 비라국毘羅國에 간 일이 있었다. 그곳에 살던 정덕淨德이라는 장자의 집 정원수에 커다란 목이버섯이 자라는데 아주 맛이 있었다. 둘째 아들 라후라다가 그 버섯을 늘 따먹었는데 따내면 바로 다시 생겨나는 이상한 버섯이었다. 정덕은 집으로 초청한 가나제바 존자에게 이상한 버섯 이야기를 하고 그 까닭을 물었다. 전생의 일을 환하게 알 수 있었던 존자는 그 연유를 정덕에게 설명하였다. 정덕의 집안에서는 일찍이 한 스님에게 오랫동안 지극정성으로 공양을 올렸는데, 그 스님이 도를 깨치지 못하고 세상을 떠나게 되었다. 시주 받은 은혜를 생전에 도를 깨달아서 갚지 못했기에 그 스님은 시은施恩에 보답하기 위하여 금생에 목이버섯이 되어 갚고 있다는 것이었다.

62장. 죽어서 목이버섯이 되어

아! 부처님 제자들이여
한 벌 옷과 한 그릇 밥에 농부들의 피땀이 어리지 않은 것이 없고
베 짜는 아낙들의 땀방울이 스며들지 않은 것이 없는데
도에 대한 안목이 밝지 않다면
시주은혜를 어떻게 갚을 수 있겠느냐?

주해

「전등록」에서 말하였다.

"옛날 어떤 수행자는 도에 대한 안목이 밝지 못했으므로 죽어서 목이버섯이 되어 시주의 은혜를 갚았다."

63

故曰

要識披毛戴角底麼아.

卽今虛受信施者是니라.

有人 未飢而食하고 未寒而衣하니 是誠何心哉이리오.

都不思로다.

目前之樂이 便是身後之苦也라.

註解

智論[1]에

一道人이 五粒粟으로 受牛身하여 生償筋骨하고 死還皮肉이니라.

虛受信施는 報應如響하니라.

---

1. **지론智論** 「지론」은 인도의 용수 보살이 지은 「대지도론」의 준말이다. 「대품반야경」을 해석한 것인데 구마라집이 번역하였다. 「중론」등 용수의 논저가 대부분 '공空'의 입장에서 정리된 것인데 반하여 이 저서는 '제법실상諸法實相'의 긍정적인 측면을 중시하여 보살이 갖추어야 할 실천적인 덕목을 강조하고 있다. 중국과 한국의 화엄종과 천태종 사상에 큰 영향을 미쳤다. 이 「대지도론」에서 나오는 교범발제 비구의 이야기를 서산 스님은 하고 있다. 부처님의 제자 교범발제는 비구로서 아주 오랜 과거세에 남의 밭에 있는 곡식을 몇 알 따서 잘 익었는가를 알아보고는 그냥 땅에 버린 적이 있었다. 그 과보로 전생에 소로 태어나 밭의 주인인 농부의 집에서 살아서는 일을 하고 죽어서는 고기로 그 빚을 갚았다. 교범발제는 전생에 소로 살아서 전생의 버릇이 많이 남아 있었으므로 소처럼 항상 먹은 음식을 토해 올려 되새김질을 하였다고 한다. 작은 일의 인과응보도 이처럼 어김이 없으니, 신도들의 정성스러운 시물을 수행자로서 본분을 다하지 못하고 헛되이 받아쓰는 일은 뒷날 참으로 무서운 과보를 받게 된다는 것이다.

63장. 시물을 받아쓰는 과보

그러므로 말한다.
"털을 덮어 쓰고 머리에 뿔이 있는 축생에 대해 알고 싶은가?
지금 헛되이 시물을 받아쓰는 수행자의 뒷날 모습이다."

어떤 수행자는
배고프지 않아도 음식을 먹고
춥지 않아도 옷을 껴입기만 하니
안타깝다, 어떤 마음으로 이러한고?

조금도 생각하지 않는구나.
눈앞의 쾌락이 바로 뒷날의 괴로움인줄.

수해

「지도론」에서 "옛날 어떤 수행자는 곡식 다섯 알을 무심코 버린 과보로 소의 몸을 받아 살아서 뼈 빠지게 일하고 죽어서는 가죽과 살로 그 빚을 갚았다."고 하였으니,

헛되이 신도의 시물을 받아쓰는 그 과보는
메아리처럼 분명한 것이다.

64

故曰

寧以熱鐵纏身이언정 不受信心人衣요

寧以洋銅灌口이언정 不受信心人食이요

寧以鐵鑊投身이언정 不受信心人房舍等[1]하리라.

註解

梵網經 云에 不以破戒之身 受信心人 種種供養 及種種施物이니

菩薩 若不發是願則 得輕垢罪[2]니라.

---

1. 시물施物에 대한 과보를 조심하도록 부처님께서 비구들에게 가르침을 내리신「중아함목적유경中阿含木積喩經」을 보면 더 자세한 이야기들이 나온다. "비구들이여! 시뻘겋게 달군 철판이나 쇳덩어리로 육체에 고통을 주는 일은 죽거나 죽을 뻔하는 고통을 받을 뿐 그 과보로 죽은 뒤에 지옥에 떨어지지는 않는다. 그러나 계법을 파계한 수행자가 욕심 때문에 부잣집이나 명문대가의 예배와 공경 공양을 받는 일은 영원히 지옥에 떨어져 거기에서 벗어날 기약이 없다. 그러므로 그대들은 인과를 알고 언제나 이렇게 생각해야 한다. 우리가 출가하여 도를 닦는 것은 결코 헛되거나 쓸데없는 일이 아니니, 반드시 그 과보로 커다란 즐거움과 행복을 가져다주는 깨달음을 얻게 될 것이다. 이 깨달음으로 모든 중생을 제도하여 이 세상을 부처님의 세상으로 만들 것이다. 깨달음을 얻지 못한다면 온갖 시물이 다 커다란 빚이 될 것이니 축생의 몸으로 되갚아야 할 것이다. 이것이 세상의 이치로서 인과법이니라."
2. **경구죄**輕垢罪 대중 앞에서 참회를 하면 지었던 죄를 면죄 받을 수 있는 가벼운 죄를 말한다. 보살계에 '십중사십팔경계十重四十八輕戒'라는 열 가지 중요한 계와 마흔여덟 가지 가벼운 계가 있다. 열 가지 중요한 계를 범했을 때는 부처님 교단에서 쫓겨 날 수도 있는 무겁고 엄한 처벌을 받아야 할 '바라이죄波羅夷罪'가 성립하고, 가벼운 계를 범했을 때는 많은 대중들 앞에서 참회를 하고 대중들이 이의 없이 그 참회를 받아들이면 가벼운 처벌로 끝나게 되는 경구죄를 얻는다고 한다. 그 죄가 가볍더라도[輕] 맑고 깨끗한 부처님의 행을 오염시켰으므로[垢] 죄가 된다는 것이다[罪].

64장. 신도의 시물을 받느니 차라리

그러므로 말한다.

"차라리 벌겋게 달군 철판을 몸에 두를지언정
신심 있는 사람들의 옷을 받아 입지 않을 것이요
차라리 뜨거운 구리물을 입에 쏟아 부을지언정
신심 있는 사람들의 음식을 받아먹지 않을 것이며
차라리 펄펄 끓는 가마 속으로 뛰어들지언정
신심 있는 사람들의 거처에 머물지 않을 것이다."

주해

「범망경」에서 말하였다.

"파계한 몸으로 신도의 온갖 공양과 시물을 받아서는 안 되니 보살이 이 원을 세우지 않는다면 경구죄輕垢罪가 된다."

65

故曰

道人 進食에 如進毒하고

受施에 如受箭이라

幣厚言甘은 道人所畏[1]니라.

註解

進食에 如進毒者

畏喪其道眼也라.

受施에 如受箭者

畏失其道果也라.

---

1. 「치문경훈」 7권에 실려 있는 자수慈受 선사의 소참법문에 나오는 내용으로 그 뒤를 이어서 "그대가 환하게 도를 깨치기만 한다면 황금 만량도 문제없이 쓸 수 있다[爾灼然 與道相應 萬兩黃金亦消得].”라는 말이 나온다. 도를 깨치기만 알면 황금 만량도 문제없이 쓸 수 있는 자격이 있다는 것이다. 그러나 한참 도를 닦아가는 수행자에게 시주물은 아름다운 공양물이 아니라 독약이 될 수 있다. 인과법도 깨닫지 못한 채 맛있는 옷과 부드러운 옷에 수행자가 길들여져 마음에 탐심이 가득하다면, 공양을 받으면 받을수록 그 수행자는 독화살에 맞은 것처럼 마음이 검어지고 눈이 어두워져 끝내는 삼악도에 떨어질 것이다.

65장. 독약이나 독화살처럼

그러므로 말한다.
"도를 닦는 사람들이 음식을 먹을 때는 독약처럼 생각하고
시물을 받을 때는 독화살을 맞듯이 생각해야 한다.
두터운 대접과 듣기 좋은 말들은 수행자들이 두려워해야 할 것이다."

주해

음식을 먹을 때 독약처럼 생각하라는 것은
식탐 때문에 도에 대한 안목을 잃을까 두려워 한 것이다.

시물을 받을 때 독화살을 맞듯이 하라는 것은
탐욕 때문에 부처님 세상을 잃을까 두려워 한 것이다.

66

故曰

修道之人은 如一塊磨刀之石이라

張三[1]也來磨하고 李四也來磨하면

磨來磨去에 別人刀快나 而自家石漸消니라

然이나 有人은 更嫌他人 不來我石上磨하니 實爲可惜이로다.

註解

如此道人 平生所向은 只在溫飽[2]니라.

---

1. **장삼이사**張三李四 중국 송대宋代의 속어이다. 중국에서 흔한 성씨들인 '장씨네 집안의 셋째 아들[張三]'과 '이씨의 집안의 넷째 아들[李四]'이란 뜻이니 지극히 평범한 사람들을 가리키는 말이다. 장공이공張公李公, 장삼여사張三呂四, 갑남을녀甲男乙女, 모갑모을某甲某乙 이라는 말들도 비슷한 뜻으로 쓰인다. 여기서는 공덕을 지으려고 수행자에게 공양 올리는 사람들을 말하고 있다.
2. 수행자가 세간 사람들처럼 배불리 먹고 좋은 옷 입고 따뜻하게 사는 것에만 급급함으로 부처님 법을 배워 어리석은 마음을 고칠 줄 모른다면, 이는 아름답게 살지도 못하면서 남의 복전이 되려 함이니, 마치 날개 부러진 새가 무거운 거북이를 등에 업고 하늘을 나는 것과 같다. 깨달음은커녕 자신의 업도 닦지 못했는데 어찌 다른 사람의 업장을 녹여 줄 수 있겠는가. 부처님 법대로 살아가야할 수행자가 세속의 삶을 떨쳐버리지 못하는 것은, 재물이나 이성異性에 대한 집착을 여의지 못하였기 때문이다. 그러므로 수행자는 재물이나 이성을 보면 반드시 이들을 바른 생각으로 대해야 한다. 야운 스님이 이르기를 "몸을 해치는 것은 이성보다 더한 것이 없고, 도를 잃게 하는 근본은 재물보다 더한 것이 없다[害身之機 無過女色 喪道之本 莫及貨財]."라고 하였다. 부처님께서도 수행자가 재물과 이성을 가까이 못하도록 이르시기를 "수행자는 이성을 호랑이나 독사 보듯 해야 할 것이요, 비싼 패물은 나무나 돌처럼 여겨야 할 것이다."라고 하셨다.

66장. 한 덩어리 숫돌과 같아

그러므로 말하였다.
"수행자는 칼을 가는 한 덩어리 숫돌과 같다.
장 서방 셋째 아들이 와 칼을 갈고
이 서방 넷째 아들이 와 칼을 갈면
그 사람들 칼이야 예리해지겠지만
숫돌 자체는 점점 닳아 없어진다."

그럼에도 불구하고 어떤 사람들은
사람들이 찾아와 숫돌에 칼을 갈지 않는다고 불평하니
참으로 딱하고 안타까운 일이다.

주해
이런 수행자가 평생 바라는 것은
오직 배불리 먹고 따뜻하게 사는 것이다.

67

故로 古語 亦有之曰

三途苦는 未是苦니
袈裟下 失人身이 始是苦也니라.

註解
故人云

今生에 未明心이면
滴水也難消로다.

此所以袈裟下失人身也라.
佛子佛子여 憤之激之어다.

67장. 사람 몸을 잃는 것

옛말에도 일렀다.

"지옥·아귀·축생의 고통은 아직 고통이 아니니
가사 입은 수행자로서 사람 몸을 잃는 것이 참말 고통이다."

주해
옛 어른께서 이르셨다.

"금생에 마음을 밝히지 못하면
물 한 방울의 시주라도 그 은혜를 갚기 어렵다."

이것은 가사 입은 수행자로서 사람의 몸을 잃게 되었기 때문이다.
부처님 제자들이여, 분발하고 분발할지어다.

68

咄哉 此身이란 九孔[1]常流이니 百千癰疽 一片薄皮로다

又云 革囊盛糞 膿血 之聚이라

臭穢可鄙 無貪惜之인데 何況百年將養인들 一息背恩이리오.

註解

上來諸業은 皆由此身이니

發聲叱咄은 深有警也라.

此身은 諸愛根本이니 了之虛妄則 諸愛自除하고

如其耽着則 起無量過患故로

於此에 特明하여 以開修道之眼也라.

---

1. 여기서 말하는 아홉 구멍은 눈구멍 두 개, 콧구멍 두 개, 귓구멍 두 개, 입 하나, 똥과 오줌을 누는 구멍 두 개를 모두 합하여 말한 것이다. 우리는 어머니의 태속에 있을 때에는 깨끗하지 못한 부모의 정혈精血이었다. 이 세상에 태어나서는 아홉 구멍으로 늘 깨끗하지 못한 더러운 것들이 흘러나올 뿐만 아니라, 이 몸 자체가 피고름과 똥오줌 등의 깨끗하지 못한 것들을 싸가지고 다니는 가죽주머니나 마찬가지이다. 숨 한번 못 쉬면 피는 곧 엉기어 피고름으로 변하고, 우리 몸은 매우 독한 냄새를 풍기는 송장으로 변하고 말 것이다.

68장. 이 몸은 애욕의 근본이니

아! 사람의 몸이란
아홉 구멍에서 더러운 것들이 늘 흘러나오니
온갖 피고름덩어리를 한 조각 얇은 가죽으로 싸 놓았구나.
또한 가죽 주머니에 똥을 가득 채운 피고름 뭉치라
냄새나고 더러워서 탐하거나 아낄 게 없는 것인데
하물며 백 년을 보살핀들 숨이 끊어지면
낱낱이 흩어져 그 은혜를 등질 것들이 아니겠는가?

주해

앞에서 말한 온갖 업들은 모두 이 몸으로 말미암은 것이니
꾸짖어 탄식하는 듯한 "아!" 소리는
경각심을 깊이 일깨워주기 위한 것이다.

이 몸은 모든 애욕의 근본이니
그 허망함을 알면 온갖 애욕이 저절로 사라지고
이 몸에 지나치게 집착하면 헤아릴 수 없이 많은 허물이 일어나므로
여기에 그 사실을 특별히 밝혀 수행자들의 안목을 열어 주는 것이다.

評曰

四大無主故로

一爲假四寃이라.

四大背恩故로

一爲養四蛇니라.

我不了虛妄故로 爲他人也 瞋之慢之하고

他人 亦不了虛妄故로 爲我也 瞋之慢之하나라.

若二鬼之爭一屍也라.

一屍之爲體也 一曰 泡聚요 一曰 夢聚며

一曰 苦聚이고 一曰 糞聚이니

非徒速朽라 亦甚鄙陋니라.

上七孔에서 常流涕唾하고

下二孔에서 常流屎尿故로

須十二時中 潔淨身器하여 以參衆數어다.

凡行蠱不淨者 善神必背去하리라.

병하여 말하기를

흙, 물, 불, 그리고 바람의 기운으로 이루어진 이 몸뚱이는 주인이 없이 늘 다투고 있으므로 하나같이 네 명의 원수가 임시로 모여 있다고 말할 수 있다. 이 몸뚱이는 숨이 끊어지면 서로 흩어져 길러준 은혜를 저버리므로 하나같이 은혜를 모르는 네 마리 뱀들을 기른다고 볼 수도 있다. 내가 그 허망함을 모르므로 다른 사람의 일로 성을 내며 잘난체를 하고, 다른 사람들도 그 허망함을 깨닫지 못하므로 내 일로 화를 내며 거만을 떨기도 한다.

이는 두 귀신이 송장 하나를 놓고 싸우는 것과 같다. 송장이란 그 바탕은 물거품처럼 곧 사라질 '거품 덩어리요[泡聚]', 깨면 사라질 한바탕 '꿈과 같은 것이며[夢聚]', 늙고 병들어 고통을 동반하는 '괴로움 덩어리이고[苦聚]', 똥을 뱃속에 가득 담은 '똥 더미[糞聚]'라고도 하니 한갓 썩어 없어질 뿐만 아니라 또한 더럽기 짝이 없는 것이다.

얼굴에 있는 일곱 구멍에서 눈물, 콧물, 귀지 같은 것들이 늘 흘러나오고 허리 아래 두 구멍에서 언제나 똥오줌이 흘러나오므로, 모름지기 수행자는 밤낮으로 언제나 몸을 깨끗이 하여 대중 속에 들어가야 한다. 몸가짐이 거칠고 깨끗하지 못한 수행자라면 좋은 신神이라도 반드시 등질 것이기 때문이다.

因果經에 云하되

將不淨手 執經卷이나 在佛前 涕唾者는

必當獲厠蟲報리라.

文殊經에 云하되

大小便時 狀如木石하여 愼勿語言作聲하고

又勿畵壁書字하며

又勿吐痰入厠中이라.

又云하되

登厠에 不洗淨者는

不得坐禪床하고 不得登寶殿하라.

律云하되

初入厠時

先須彈指三下하여 以警在穢之鬼하고

默誦神呪各七遍이라.

初誦入厠呪曰

옴하로다야 사바하.

「과거현재인과경」에서 말하였다.
"더러운 손으로 경전을 만지거나 부처님 앞에서 침을 뱉는 사람들은 반드시 다음 생에 뒷간 구더기가 될 것이다."

「문수사리문경」에서 말하였다.
"똥오줌을 눌 때에는 돌이나 나무처럼 가만히 큰 소리를 내지 말아야 하고 또 벽에 그림이나 글씨도 쓰지 말 것이며 함부로 가래침을 뱉지도 말아야 한다."

또 말하였다.
"뒷간에 갔다 와 몸을 씻지 않은 사람은 좌선하는 자리에 앉지 말 것이며 법당에 올라가지도 말아야 한다."

「율장律藏」에서 말하였다.

처음 뒷간에 들어갈 때 문에 먼저 손가락을 가볍게 세 번 튕겨 뒷간 귀신에게 자신의 존재를 알려야 한다. 그리고 볼일 보며 신주를 일곱 번씩 외워야 한다.

처음 외우는 것은 뒷간에 들어갈 때 하는 '입측주'이니
'옴 하로다야 사바하'라고 한다.

次誦洗淨呪曰

옴 하나마리데 사바하.

右手執瓶하고 左手洗之하며

淨水旋旋傾之하여 着實洗淨하라.

次誦洗手呪曰

옴 주가라야 사바하.

次誦去穢呪曰

옴 시리예바혜 사바하.

次誦淨身呪曰

옴 바아라 뇌가다 사바하.

此五神呪는 有大威德일새

諸惡鬼神 聞하면 必拱手니라.

若不如法誦持則

雖用七恒河水인들 洗至金剛際인들

亦不得身器淸淨이리라.

다음에 외우는 것은 뒷물할 때 하는 '세정주'이니
'옴 하나마리데 사바하'라고 한다.
오른손으로 물병을 잡고 왼손으로 뒷물하며
깨끗한 물을 조금씩 따라 깨끗하게 닦아야 한다.

다음에 외우는 것은 더러워진 손을 씻으며 하는 '세수주'이니
'옴 주가라야 사바하'라고 한다.

다음은 몸에 있던 더러움을 잘 제거하고 하는 '거예주'이니
'옴 시리예바혜 사바하'라고 한다.

다음에 외우는 것은 몸을 깨끗이 하는 '정신주'이니
'옴 바아라 놔가다 사바하'라고 한다.

이 다섯 가지 신통력 있는 주문에는 큰 위엄을 갖춘 덕성이 있으므로 온갖 나쁜 귀신들이 듣기만 하면 반드시 공경하는 마음을 내게 된다. 여법하게 신주를 외워 지니지 않는다면 일곱 개의 갠지스강물을 다 갖다 쓴들 그리고 아무리 시간을 들여 오래 씻은들 한번 더러워진 몸이 깨끗해 질 수 없을 것이다.

又云하되

洗淨은 須用冷水하고
洗手는 須用皂角하며
又 木屑灰泥 亦通하리라.

若不用灰泥則
濁水淋其手背하여 垢穢尙存일새
禮佛誦經하면
必得罪云云하리라.

此登厠洗淨之法
亦是 道人日用行實故로
略引經語하여 並附于此니라.

또 「율장律藏」에서 말하였다.

"뒷물할 때에는 맑고 깨끗한 물을 써야 하고
손을 씻을 때는 반드시 비누를 사용해야 하며
형편에 따라 톱밥이나 잿물을 대신 쓸 수도 있다."

"비누로 손을 씻지 않으면
더러운 물기가 손등에 남아 아직 더럽기 때문에
이런 손으로 예불하고 경전을 읽는다면
반드시 죄를 얻게 될 것이다."

뒷간에 올라 뒷물하는 법이
또한 도를 닦는 사람들의 일상생활이므로
경전에 있는 말을 간단히 인용하여 여기에 덧붙여 놓았다.

69

有罪卽懺悔[1]하고 發業卽慚愧해야 有丈夫氣象이라.

又 改過自新하면 罪隨心滅이니라.

註解

懺悔者 懺其前愆 悔其後過니라.

慚愧者 慚責於內 愧發於外니라.

然이나 心本空寂이어 罪業無寄니라.

---

1. **참회懺悔**   죄의 자성自性이 공空임을 깨달아 참회하는 '이참理懺'이 있고 절을 하며 몸으로 뉘우치는 '사참事懺'이 있다. '이참'은 실상實相의 이치를 관하여 허물을 뉘우치고 마음을 바로 잡는 참회이다. 죄란 비난 받을 만한 나쁜 행동이지만 그것도 알고 보면 본디 자성이 없다. 중생의 죄업은 옳고 그름을 따지는 마음에서 부질없이 일어나기 때문이다. 따라서 죄업으로부터 벗어나려면 먼저 그 죄를 비롯되게 하는 중생의 마음을 버려야 한다. 옳고 그름을 따져서 시비하는 분별심이 사라질 때, 분별심이 없어짐에 따라 중생의 죄도 함께 없어진다.
'사참'은 예불禮佛이나 송경誦經과 같은 신구의 삼업의 행위로써 하는 참회이다. 참회를 할 때는 먼저 내가 몸과 입과 뜻으로 지어온 온갖 나쁜 업들이 모두 오랜 세월 동안 길들여져 온 욕심과 성냄과 어리석음에서 비롯된 것임을 잘 알아야 한다. 몸으로 지은 죄, 곧 살아 있는 생명을 함부로 죽이고, 남의 소유물을 몰래 훔치며, 잘못된 과보를 가져올 수 있는 어두운 관계들을 사람들과 맺고 사는 것을 참회해야 한다. 입으로 지은 죄, 곧 이간질로 대중의 화합을 깨뜨리고, 험하고 거친 말로 남에게 상처를 입히며, 명성이나 이익을 얻으려고 거짓말을 하고, 말을 화려하게 꾸며 자신의 이익을 얻고자 남을 현혹시키는 일들을 참회해야 한다. 뜻으로 지은 죄, 곧 함부로 욕심내고 화를 내며 어리석은 마음을 지니고 있음을 참회해야 한다. 이 신구의 삼업으로 지은 갖가지 허물들을 몸으로써 뉘우치는 것을 사참이라고 한다. 사참은 현생의 잘못만 참회하는 것이 아니라 전생에 지은 죄업까지 모두 참회하는 것이다. 신구의 삼업을 다스려 죄업을 뉘우치는 사참도 중요하지만 이참을 해야 비로소 본디 마음자리를 찾을 수 있다. 죄를 만들어내는 중생의 마음 자체가 본디 실체가 없다는 이치를 꿰뚫어 보는 이참이야말로 진짜 참회이기 때문이다. 참마음은 본디 비어 고요해서 죄업이 붙어 있을 곳이 없으며 죄를 지었다는 생각도 없다.

69장. 죄 있으면 참회하라

죄가 있으면 참회하고
잘못하면 부끄러워해야
대장부의 기상이 있다.

또 허물을 고쳐 새로워지면
지었던 죄업도 마음 따라 없어진다.

주해
'참회'란
먼저 지은 허물을 뉘우치고
뒷날 실수를 하지 않겠다고 다짐하는 것이다.

'참괴'란
안으로는 자신의 잘못에 책임감을 느끼고
밖으로는 그 일에 대하여 부끄러워하는 것이다.

그러나 참마음은 본디 비어 고요해서 죄업이 붙어 있을 곳이 없다.

70

道人이 宜應端心하고

以質直爲本[1]하면

一瓢一衲으로 旅泊無累어다.

註解

佛云하되 心如直絃이라. 又 云에 直心是道場[2]이라.

若不耽着身則 旅泊無累니라.

---

1. 부처님께서는 「불유교경」에서 수행자에게 '소욕少欲의 삶'을 닦아 익힐 것을 당부하고 있다. "그대 비구들이여, 아첨하는 마음은 도道와 서로 어긋나는 것이니 질박하고 곧은 마음으로 살아야 하느니라. 아첨하는 마음은 그저 상대방을 속이는 짓일 뿐이니, 도에 들어가려고 하는 사람에게는 이 마음이 옳지 않다는 것을 분명히 알아야만 한다. 그러므로 그대들은 단정한 마음에서 질박하고 곧은 마음 쓰는 것을 근본으로 삼아야만 된다. 그대 비구들이여, 욕심이 많은 사람은 이익을 챙기려는 마음이 많기 때문에 고뇌가 많을 것이요, 욕심이 적은 사람은 구하려는 마음이 없기에 근심 걱정이 없을 것임을 마땅히 알아야만 한다. 다만 욕심을 줄이기 위해서라도 그대들은 '욕심 없는 삶'을 닦아 익혀야 할 것이다. 그런데 하물며 '욕심 없는 삶'이 모든 공덕을 만들어내는데 여기에 무슨 말을 더 보탤 필요가 있겠느냐? 욕심이 없는 사람은 아첨하여 다른 사람의 마음을 얻으려고 하지 않고, 또한 어떤 좋은 경계에 처해도 욕심이 없어 잘 속아 넘어가지를 않는다. 욕심이 적은 사람은 마음이 편안하여 근심하거나 두려워 할 일이 없다. 하는 일마다 여유가 있고 자신의 삶에 모자라는 것이 하나도 없다. 욕심이 적은 사람에게는 영원한 행복이 주어지니, 이를 일러 '소욕'이라 한다."
2. '곧은 줄처럼 쓰는 마음이 곧은 마음이요 곧은 마음이 곧 수행터'라고 하였으니, '질박하고 곧은 마음' 그 자체가 '깨달음을 얻기 위한 맑고 깨끗한 수행'이라고 할 수 있다. "깨달음을 완성하는 수행터가 어디인가? 지금 이 자리에서 마음 쓰는 바로 그곳일세[圓覺道場何處現今生死卽是]."라는 유명한 게송이 있는데, 이 게송의 뜻은 생사윤회를 하게 되는 시비 분별하는 중생의 마음자리에서 질박하고 곧은 부처님의 마음을 쓰게 되면 바로 그 자리가 깨달음을 완성하는 수행터가 된다는 것이다.

70장. 표주박 한 개와 누더기 한 벌

도를 닦는 사람들이 마음을 단정히 하고
질박하고 곧은 마음으로 근본을 삼는다면
표주박 한 개와 누더기 한 벌로 어디를 가든 거리낌이 없다.

주해

부처님께서 말씀하셨다.

"마음은 곧은 줄처럼 써야 한다.
곧은 마음이 곧 수행터이다."

"몸에 지나치게 집착하지 않으면
어디를 가든 거리낌이 없다."

71

凡夫¹取境하고

道人取心하나

心境兩忘해야 乃是眞法이니라.

註解

取境者 如鹿之趁空花也고 取心者 如猿之捉水月也라.

境心雖殊라도 取病則 一也라. 此合論凡夫二乘이니라.

頌

天地에 尙空秦日月²하고

山河에 不見漢君臣³이라.

---

1. **범부**凡夫 보통 사람들을 말한다. 수행의 위치에서 말하면 아직 고집멸도苦集滅道도 제대로 이해하지 못한다. 그들은 무명 때문에 업을 짓고 그 과보를 받아야 하므로 자유롭지가 못하고 온갖 나쁜 길로 떨어지게 된다. 이 중생들은 육도六道에서 받는 과보에 따라 온갖 다른 모습을 가지고 태어나기 때문에 이생異生이라 말하기도 한다. 아직 도道를 만나보지 못한 사람이다.
2. 옛날 진나라 시대에는 해와 달도 진나라의 것이라고 이야기하였는데, 진나라가 망하고 나니 진나라의 해와 달도 보이지 않았다는 이야기이다. 이는 보는 관점인 주관이 사라지면 보이는 관점인 객관도 사라진다는 뜻이니, 범부가 사라지면 범부의 경계도 함께 사라진다는 것이다.
3. 한나라 시대에는 드넓은 산하에서 한나라의 임금과 신하들이 주인 노릇을 하였는데, 한나라가 망해 없어지고 나니 그 나라에서 주인 노릇을 하던 임금과 신하들도 보이지 않는다는 것이다. 이는 드넓은 산하로 비유한 마음이라는 것에도 주인 노릇을 하는 일정한 주체가 없다는 뜻이다. 중생의 시비 분별로 이루어진 마음 그 자체가 사라지면, 이 마음에서 주인 노릇을 하던 중생의 시비 분별도 함께 사라져 버린다는 것이다.

71장. 마음과 경계를 잊어야

보통 사람들은 눈앞에 보이는 경계를 따르고

도를 닦는 사람들은 마음을 취하려고 하나

마음과 경계 이 두 가지를 함께 잊어야 이것이 참된 법이다.

주해

눈앞에 보이는 경계를 따른다는 것은

목마른 사슴이 아지랑이를 물로 알고 뒤쫓아 가는 것 같고

마음을 취한다는 것은

원숭이가 물에 비친 달을 잡으려는 것 같다.

바깥 경계와 마음이 다를지라도 집착하는 병은 마찬가지이다.

여기서는 범부와 이승의 병통을 함께 말했다.

게송

푸른 하늘 넓은 땅에

진나라 해와 달이 보이지 않고

드넓은 강산에도

한나라 임금과 신하가 있지를 않네.

72

聲聞은 宴坐[1]林中이나 被魔王捉이고
菩薩[2]은 遊戲世間이나 外魔不覓이니라.

註解

聲聞은 取靜爲行故로 心動이니 心動則 鬼見也라. 菩薩은 性自空寂故로 無迹이니 無迹則 外魔不見이라. 此合論二乘菩薩이니라.

頌

三月懶遊花下路인데 一家愁閉雨中門이로다.

---

1. **연좌宴坐** 끄달림 없이 편안한 마음으로 앉아 있는 것이니, 몸과 마음을 고요하게 하여 안정된 마음으로 좌선하는 것을 말한다. 성문은 세상의 시끄러움을 피하여 고요한 곳에서 홀로 앉아 선정을 닦아야 한다고 주장한다. 그러나 세상의 시끄러움을 피하고 고요한 경계에만 집착하는 한, 이 집착은 중생의 또 다른 시비분별이므로 이 시비분별이야말로 중생을 번거롭게 만드는 마왕이 된다. 유마 거사는 사리불이 가만히 앉아 이것을 공부로 알고 즐기던 연좌宴坐에 대해 이렇게 설명한다. "사리불이여, 마음이 안팎에 머물지 않는 것, 이를 연좌라고 한다. 모든 경계에서 흔들림이 없이 모든 수행을 해나가는 것, 이를 연좌라고 한다. 번뇌를 끊지 않고 열반에 들어가는 것, 이를 연좌라고 한다. 이렇게 앉아서 공부하는 것이라면 부처님이 인가한다."
2. **보살菩薩** 위로는 지혜로써 깨달음을 구하고 밑으로는 자비로 모든 중생을 제도하기 위하여 육바라밀행을 실천하는 수행자다. 자리행自利行과 이타행利他行을 오롯하게 실천하여 다가오는 세상에서 부처님의 세상을 여는 것이니, 보살은 가만히 앉아 깨달음을 기다리는 것이 아니라 용맹스럽게 깨달음을 구하는 수행자이다. 그러므로 보살은 자신의 공부를 이루기 위해 세상의 삶과 떨어져 사는 성문과 연각의 경계와는 차원이 다르다. 자신만을 위한 깨달음은 있을 수 없으며 깨달음의 성취도 바로 중생을 구제하고자 하는 원력에서 이루어져야 한다. 깨달음의 세계는 환상도 허구도 아니다. 자리이타를 실천하는 삶 속에 내재하고 있는 현실의 향기이며 여운이다.

72장. 성문과 보살

성문은 숲 속에 가만히 앉아 있지만 마왕에게 붙잡히고
보살은 세간에 노닐지만 외도나 마군이 찾지를 못한다.

주해

성문은 고요한 경계를 취하여 수행을 삼기 때문에
마음이 움직이니 마음이 움직이면 귀신이 본다.
보살은 그 성품이 본디 비어 고요하므로 그 마음에 자취가 없으니
자취가 없다면 외도와 마군들이 볼 수가 없다.

여기서는 이승과 보살을 함께 말했다.

게송

산들 바람 꽃길에서 오락가락 노니는데
어느 집은 빗속에서 문을 닫고 근심걱정.

73

凡人 臨命終時 但觀 五蘊皆空이요 四大無我니라.

眞心은 無相이어 不去不來니 生時 性亦不生이요 死時 性亦不去니라.

湛然圓寂이어 心境一如니라.

但能如是 直下頓了하여 不爲三世所拘繫해야 便是出世自由人也라.

若見諸佛이나 無心隨去하고 若見地獄이나 無心怖畏니라.

但自無心하여 同於法界니 此卽是要節也라.

然則 平常是因이고 臨終是果이니 道人은 須着眼看이어다.

註解

怕死老年에 親釋迦[1]로다.

頌

好向此時明自己

百年光影轉頭非.

---

1. 이것은 중국 송나라 시대 사람인 소강절邵康節의 시에 나오는 말이다. 이 말의 앞 구절은 "젊어서 부와 명예를 구할 때에는 공자를 그리워하다가[求名少時慕宣聖]"라는 것이다. 젊을 적에는 사람들이 공자의 가르침을 따라 입신출세立身出世하여 세상에 이름을 드날리고 싶은 마음에 세속의 부와 명예에 집착하여 바쁘게 살다가, 죽음이 가까워진 늘그막에 이르러서야 두려운 마음에 부처님의 가르침을 찾게 된다는 것이다. 때 늦었지만, 백발이 성성하여 기력이 없는 늘그막이라도 정신 차려 최후의 한 생각을 바로 가짐으로써 영원한 빛이요 생명인 극락정토의 아미타 부처님을 보아야 할 것이다.

73장. 그 누구라도 임종할 때

그 누구라도 임종할 때 오직 오온이 모두 공空이요 사대四大에 '내가 없음'을 보아야 한다. 참마음은 어떠한 형상이 없으므로 오지도 않고 가지도 않으니, 이 몸이 생길 때 그 성품도 생겨나는 것이 아니요 이 몸이 죽을 때 그 성품도 없어지는 것이 아니다. 지극히 맑고 고요하여 오롯해서 마음과 경계가 하나이다.

오직 이와 같이 단숨에 깨쳐 삼세의 인과에 얽매이지 않아야 바로 세간을 초월하는 자유인이라고 할 수 있다. 부처를 만나도 따라가려는 마음이 없고, 지옥을 보아도 두렵고 무서워하는 마음이 없다. 오직 스스로 무심하여 법계와 하나가 되어 같아질 뿐이니 이것이야말로 공부의 뼈대라고 할 수 있다.

살면서 지은 업이 씨앗이 되고 죽음에 이르러 그 열매를 맺게 되니 도를 닦는 사람들은 이 점을 마음에 새겨야 한다.

주해

죽음이 두려운 늘그막에 부처님을 가까이 하도다.

게송

이때 자신의 마음을 애써 밝혀야 하니
백 년 세월도 순식간에 그르치리라.

14

凡人이 臨命終時

若一毫毛 凡聖情量不盡하여 思慮未忘이면

向驢胎馬腹裡托質하고

泥犁鑊湯中煮煤하며

乃至 依前再爲螻蟻蚊虻하리라.

註解

白雲 云하되

設使一毫毛 凡聖情念淨盡이라도

亦未免入驢胎馬腹中이라.

二見[1]星飛하면 散入諸趣하리라.

頌

烈火茫茫

寶劍當門.

---

1. 두 소견이라 함은 마음속에 주객主客이 남아 있는 생각을 말한다. 생각하는 주체인 '주'와 대상으로서 '객'인 생각을 내세우는 분별심을 아직 끊지 못한 것이다. 한 티끌 남아 있는 범부다 성인이다 하는 생각조차 깨끗이 사라졌다 할지라도, 깨끗이 사라졌다는 생각이 남아 있으면 주객으로 나누어진 두 소견이 번뜩이는 것이다. 이는 미세하고도 미세한 번뇌가 남아 있어 아직 업의 뿌리인 무명을 벗어나지 못한 것이니 육도에 윤회할 수밖에 없다.

74장. 임종할 때 무심해야

누구든지 임종할 때 털끝만큼이라도
범부다 성인이다 하는 분별이 남아 있으면
나귀나 말의 뱃속에 끌려들기도 하고
지옥의 끓는 가마 속에 처박히기도 하며
나아가 개미나 모기와 같은 몸을 받게 되기도 한다.

주해

백운(1025-1072) 선사는 말한다.

"설사 한 터럭 끝만치 남아 있던 범부다 성인이다 하는 생각들이 깨끗이 없어져도 아직 나귀나 말의 뱃속에 들어감을 면치 못한다."

두 소견이 번뜩이면 육도 윤회에 들어가리라.

게송

세찬 불이 활활 이니
보배 칼이 번쩍인다.

評曰

此二節은

特開 宗師無心合道門하고

權遮 敎中念佛求生門하니라.

然이나 根器不同하고 志願各異해도

各各如是하여 兩不相妨이니

願諸道者

平常隨分 各自努力하여

最後刹那에도

莫生疑悔어다.

평하여 말하기를

73장과 74장 이 두 구절은
종사宗師들이 '무심으로 도에 계합하는 길'을 특별히 보여주고
교敎 가운데 '염불로 극락왕생 하는 길'을 임시방편으로 막았다.

그러나 근기가 다르고 뜻과 원력이 달라도
저마다 옳은 점이 있어 서로 방해되지 않으니
바라건대 공부하는 사람들은
평소 제 분수에 맞추어 저마다 노력하여
마지막 죽는 순간에도
이 공부에 의심하거나 뉘우치는 일이 없어야 한다.

75

禪學者 本地風光[1] 若未發明則 孤峭玄關 擬從何透리오.
往往 斷滅空[2] 以爲禪하고 無記空[2] 以爲道하며 一切俱無 以爲高見하는데
此 冥然頑空이니 受病幽矣니라. 今天下之言禪者 多坐在此病이니라.

註解

向上一關은 措足無門이라. 雲門 云하되 光不透脫에 有兩種病[3]이고 透過
法身에 亦有兩種病이니 須一一透得해야 始得이로다.

頌

不行芳草路 難至落花村.

---

1. **본지풍광本地風光** '본지本地'는 모든 번뇌가 사라진 고요한 부처님의 마음자리를, '풍광風光'은 이 마음자리에서 일어나는 부처님의 지혜를 가리킨다.
2. **단멸공斷滅空** 화두를 챙길 때에 마음을 잘못 챙기므로 '공空'에만 집착하여 아무 것도 없는 고요하고 깜깜한 경계에 떨어지는 것이다. 수행자는 이 자리를 화두공부의 마지막인 줄 알고, 이 고요한 경계에 안주하고 집착하여 더 이상 공부할 생각을 내지 않는다. 이 경계를 '침공체적沈空滯寂'이라고 하니, 이 경계는 선도 아니요 악도 아닌 경계이므로 '무기공無記空'이라고 한다.
3. 이 글은 대혜(1089-1163) 스님의 「서장」에서 인용한 글이다.
   "운문(864-949) 스님은 말한다. 마음의 빛이 모든 번뇌를 꿰뚫지 못하는 데에 두 가지 병이 있다. 모든 곳에 밝지 못하므로 눈앞에 어떤 경계가 있는 것이 하나이다. 또 하나는 모든 법이 공空임을 꿰뚫었더라도 은근하게 어떤 경계가 있는 듯해서 또한 마음의 빛이 마지막 무명을 꿰뚫지 못하고 있는 것이다. 또 법신法身에도 두 가지 병이 있다. 법신에 다가갔더라도 법집法執을 떨치지 못했기에 자기의 지견이 아직 남아서 법신 언저리에 아직 머물러 있는 것이 하나이다. 또 하나는 설사 법신을 꿰뚫었더라도 화두를 놓쳤다면 곧 무슨 기적이 있는 지를 꼼꼼히 점검할 수 없으니, 이 또한 병이다."

75장. 깜깜한 경계에 집착하니

참선하는 사람들이 본지풍광을 드러내지 못하면 아득히 높은 진리의 문을 어떻게 뚫으려 하느냐? 더러는 '단멸공'을 선禪으로 삼기도 하고 '무기공'을 도道로 삼기도 하며 '모든 것이 함께 사라진 경계'를 높은 소견으로 삼기도 하는데 이들은 모두 깜깜한 경계에 집착하는 '완공頑空'이니 병이 깊기만 하다. 지금 천하에 선禪을 말하는 이들이 대부분 이런 병에 걸려 있다.

주해
깨달음으로 가는 마지막 관문은 미세한 번뇌도 발붙일 곳이 없다.

운문 스님은 말한다.

"마음의 빛이 번뇌를 꿰뚫지 못하는 데는 두 가지 병이 있고, 마음의 빛이 법신을 꿰뚫어도 또한 두 가지 병이 있으니, 모름지기 하나하나 남김없이 모든 것을 꿰뚫어야 한다."

게송
향기로운 꽃밭 길을 거치지 않고
아름다운 꽃동네엔 가기 어려워.

76

宗師[1] 亦有多病이라. 病在耳目者 以瞠眉努目 側耳點頭로 爲禪이요

病在口舌者 以顚言倒語 胡唱亂喝로 爲禪하고

病在手足者 以進前退後 指東畫西로 爲禪하며

病在心腹者 以窮玄究妙 超情離見으로 爲禪하니

據實而論하면 無非是病[2]이니라.

註解

殺父母者 佛前懺悔이나 謗般若者 懺悔無路니라.

偈頌

空中撮影非爲妙인데 物外追蹤豈俊機리오.

---

1. 종사宗師   부처님 마음을 깨닫고자 하는 선종의 종지를 체득한 큰스님을 가리킨다. 부처님 마음을 전하는 스승이니 부처님 마음에서 나오는 훌륭한 방편으로 제자들을 맞이하여 그들의 근기에 맞추어 깨달음으로 인도하는 분이다. 종사는 부처님 마음자리에서 경을 자유롭게 해석할 수 있으므로 '경사經師'가 되고, 부처님의 생활을 그대로 실천하니 '율사律師'가 되며 경장과 율장을 걸림 없이 쉽게 풀어낼 수 있으므로 '논사論師'가 된다. 그러므로 종사는 경율론 삼장의 종지를 체득한 삼장법사이며 학덕을 겸비하여 모든 사람의 모범이 되는 큰스님이다.
2. 옛날에 종사 스님들이 후학들을 다룰 때는 상대방의 근기와 주변 상황에 따라 눈을 부릅뜨거나 머리를 끄덕이기도 하고 때로는 '할!' 하고 큰 소리를 내지르기도 하였다. 주장자로 선상을 내려치기도 하고 몽둥이로 매질을 하기도 하며 멱살을 잡고 꼼짝 못하게 몰아붙이기도 하였다. 그러나 이 모든 것은 본지풍광에서 일어나는 임시방편이다. 그런데 어리석은 종사들은 이 근본 뜻을 모르고 옛 조사 스님의 겉모습을 흉내 내어 시비와 분별을 일삼고 있는 경우가 많다.

76장. 종사의 병통

종사에게도 병통이 많다.

눈과 귀에 병이 있는 이는 눈을 부릅뜨고
귀를 기울이며 머리를 끄덕이는 것으로 '선禪'을 삼음이요
입과 혀에 병이 있는 사람은
두서없이 지껄이고 함부로 소리를 크게 지르는 것으로 '선'을 삼고 손
발에 병이 있는 이는
왔다 갔다 하며 이쪽저쪽 아무 데나 가리키는 것으로 '선'을 삼으며
마음속에 병이 있는 사람은
진리를 끝까지 찾아 번뇌를 벗어나는 것으로 '선'을 삼으니
사실대로 말하자면 이 모든 것이 병 아닌 것이 없다.

주해
부모를 죽인 이는 부처님 앞에서 참회할 수 있으나
반야지혜를 헐뜯는 사람들은 어디에도 참회할 길이 없다.

게송
허공에서 그림자를 붙잡아도 우스운 일인데
세상 밖에 헛된 자취 좇는 사람 그리 장할까?

77

本分宗師 全提[1] 此句는 如木人唱拍하고 紅爐點雪하며
亦如石火電光하니 學者는 實不可擬議也라. 故로 古人이 知師恩하고 曰
不重先師道德하고 只重先師不爲我說破[2]이니라.

註解

不道不道 恐上紙墨.

頌

箭穿江月影 須是射鵰人.

---

1. 깨달음을 얻은 종사가 화두 드는 법을 가르칠 적에 두 가지 방법이 있다. 하나는 화두에 대하여 의심을 일으켜서 이 마음을 모아 화두에 몰입하여 화두를 온전하게 챙겨 나가도록 하는 '전제全提'이다. 화두에 대한 의심이 하나로 뭉쳐 모든 분별이 떨어져서, 화두 이외의 다른 것에 대해서는 어떤 생각도 있을 수 없는 상태로 만드는 것이다. 또 하나는 '파병破病'이다. 참선을 하려는 사람들이 화두를 들고 공부를 해 나가는 과정에서 잘못 생각하여 병통이 생길 때, 이 병통을 고쳐주기 위하여 임시로 그들의 근기와 상황에 맞추어 그때그때 알맞은 방편을 활용하는 것을 말한다.
2. 「서주동산양개선사어록瑞州洞山良价禪師語錄」을 보면 여기에 관한 이야기가 나온다. 동산 스님이 운암 스님의 재를 지낼 때 어떤 스님이 물었다.
"화상은 운암 스님에게 어떤 가르침을 받았습니까?" "그 분 밑에 있었지만 가르침을 받은 적은 없습니다." "가르침을 받은 적이 없는데 재를 올리는 까닭은 무엇 때문입니까?" "그 분을 등질 수가 없기 때문입니다." "화상은 처음 남전 스님을 찾아뵈었던 것으로 알고 있는데 어떻게 운암 스님한테 재를 올릴 수 있단 말입니까?" "저는 돌아가신 스승의 도와 덕을 소중하게 여기는 것이 아닙니다. 다만 그 분이 저를 위하여 법을 설파해 주지 않은 것을 귀하게 여길 뿐입니다." "화상이 돌아가신 스승을 위하여 재를 올리는 것은 그 분의 공부를 인정하시는 것 아닙니까?" "절반은 인정하고 절반은 인정하지 않습니다." "왜 완전히 인정 하지를 않습니까?" "만약 완전히 인정한다면 돌아가신 스승의 뜻을 저버리는 것이 되기 때문입니다."

77장. 온전하게 화두를 챙기는 것

본분 종사가 온전하게 화두를 챙기는 것은

'나무로 깎아 만든 사람'이 박수치며 노래하는 것과 같고
시뻘건 용광로에 한 점 눈송이가 떨어져 녹는 것과 같으며
부싯돌이 부딪칠 때 번쩍하고 사라지는 불빛과 같으니
공부하는 사람들도 참으로 헤아려서 추측할 길이 없다.

그러므로 동산(807-869) 화상이 스승의 은혜를 알고 말하였다.
"저는 돌아가신 스승의 도道와 덕德을 중하게 여기지 않고
저를 위하여 도를 설파하지 않은 것을 귀하게 여길 뿐입니다."

주해
더 말하지 말라, 더 말하지 말라.
살아 있는 도가 죽은 문자로 변질될까 두렵구나.

게송
화살이 강물에 떠 있는 달을 꿰뚫으니
독수리를 잡아내는 대장부로다.

78

大抵學者 先須詳辨宗途니라.

昔 馬祖¹ 一喝也에 百丈耳聾하고 黃壁吐舌하니라.

這一喝 便是拈花消息이며 亦是達摩初來底面目이니라.

吁 此臨濟宗之淵源이로다.

註解

識法者懼 和聲便打²

1. **마조馬祖** 유명한 당나라 선승禪僧이니 사천성四川省 성도부成都府 사람이다. 일찍이 남악 회양南嶽懷讓(677-744) 선사 밑에서 열심히 좌선을 하고 있었는데 하루는 회양 스님이 다가와서 물었다. "자네는 무엇을 하고 있는가?" "좌선을 하고 있습니다." "좌선은 해서 무엇 하려는가?" "깨달아서 부처가 되려고 합니다." 그 이야기를 들은 회양 선사는 그 이튿날 벽돌을 갈기 시작하였다. 마조가 와서 묻기를 "스님, 벽돌을 갈아 무엇에 쓰시려고 합니까?" "거울을 만들려고 하네." "벽돌을 갈아 어떻게 거울을 만들 수 있겠습니까?" "자네도 앉아만 있다고 부처가 될 수 있겠는가?" "그러면 어떻게 해야 되겠습니까?" "수레가 움직이지 않을 때 채찍으로 수레를 때려야 하겠는가? 아니면 소를 때려서 가게 해야 되겠는가? 선禪이란 앉거나 눕는 것과는 아무런 상관이 없다. 부처는 가만히 앉아 있다고 되는 것이 아니다. 취하고 버리는 분별이 없어 집착이 여의는 것이야말로 선禪이다." 이 말에 크게 깨친 마조 스님은 회양의 법을 이었다. 그는 법문을 할 때마다 '평상시 쓰는 마음이 도다[平常心是道]'와 '마음 그 자체가 부처다[卽心是佛]'라는 말로써 크게 선풍을 일으켰다. 백장 회해百丈懷海, 서당 지장西堂智藏, 남전 보원南泉普願, 대매 법상大梅法常 등 139인이나 되는 많은 제자들을 두었다.
2. **화성변타和聲便打**   마조의 '할' 한 마디에 백장은 귀가 먹었고 황벽은 혀를 내밀었다. 이 '할'이 바로 부처님이 영산회상에서 꽃을 들어 보이자 가섭이 빙그레 웃어 마음과 마음이 통했다는 이심전심의 염화미소 소식이며 또한 달마 스님이 이 땅에 처음 오신 본래면목이다. 법을 아는 사람들은 시비하고 분별하는 중생들의 마음을 꺼려한다. 그 마음 때문에 중생들이 육도윤회를 하며 밤중에 길을 가는 사람처럼 어두운 세상에서 헤매기 때문이다. 따라서 중생들이 분별하는 마음을 낼라치면 그 자리에서 그 마음을 죽여 버린다. 그 모습이 '할'로 나타나기도 하고 주장자로 때려주기도 하는 것이다. 큰스님들의 자비심이다.

78장. 마조 스님 '할'에

대저 공부하는 사람들은
먼저 각 종파에서 추구하는 길을 잘 알아야 한다.

옛날 마조 스님의 '할' 한 마디에
백장은 귀가 먹었고 황벽은 혀를 내밀었다.

이 '할'이 바로 영산회상에서 꽃을 들어 보인 소식이며
또한 달마 스님이 이 땅에 처음 오신 본래면목이다.

아! 이것이 임제종의 근원이 되었다.

주해

법을 아는 사람들은 무서워하니
아는 소리 할라치면 때려버린다.

頌

杖子一技無節目일새

慇懃分付夜行人이라.

評曰

昔 馬祖一喝也에 百丈¹得大機하고 黃檗²得大用이라.

大機者 圓應爲義하고 大用者 以直截爲義하니 事見傳燈錄이니라.

---

1. **백장**百丈 마조 스님의 법을 이은 백장 스님은 복건성 사람이다. 마조 스님을 모시고 길을 가고 있는데 물오리 떼가 울면서 날아가고 있는 것을 보고 마조 스님이 물었다. "저게 무슨 소리냐?" "물오리 우는 소리입니다." 한참 있다가 다시 묻기를 "아까 그 소리가 어디에 있느냐?" "날아가 버렸습니다." 갑자기 마조 스님이 백장의 코를 잡고 비틀었다. 백장은 아픔을 참지 못하고 '앗!' 하고 소리를 질렀다. 그때 마조 스님이 "그래도 날아갔다고 할 것이냐?" 하는 데에서 깨친 바가 있었고, 그 다음 인연에는 마조의 '할!' 소리에 크게 깨쳤다고 한다. 뒷날 홍주洪州에 있는 백장산에 들어가 법을 펴기 시작하였다. 백장 스님은 율종의 제도를 그대로 사용해 왔던 선원의 살림살이를 정리하고 선종의 총림 제도와 규율을 엄격히 세우기 시작했는데 그 결과물로 나타난 것이 '백장청규'이다. '하루 일하지 않으면 하루 먹지 말라[一日不作一日不食]'로 세상에 널리 알려진 이 청규는 뒷날 천하 총림에서 받들어 행하지 않는 곳이 없었다. 연로한 나이임에도 날마다 일하는 백장 스님의 모습이 하도 안쓰러워 하루 일을 못하도록 제자들이 연장을 감추었더니, 백장은 그날 일을 하지 않았다고 하여 밥을 굶었다는 유명한 일화가 있다. 그의 뛰어난 제자로는 황벽 희운黃檗希運과 위산 영우潙山靈祐가 있다.
2. **황벽**黃檗 백장 스님의 제자인 황벽 스님은 복건성 사람이다. 어렸을 때 하도 영특하여 신동이라 불렸다. 강서성 서주부 황벽산에 출가하였다가 마조의 '할'에 깨쳤다고 하는 백장 스님의 법문을 듣고 그 자리에서 혀를 내밀었다고 한다. 백장의 법을 이은 후 뒷날 배휴의 청을 받아 여러 곳에서 법문을 하였으며 가는 곳마다 그 곳에 있는 산 이름을, 처음 출가했던 산 이름을 따서 황벽산이라고 하였다. 그가 염관사에 있을 때 예불하는 자리에서 뒷날 임금이 된 선종이 그에게 법을 물은 일이 있었는데 답변으로 세 번이나 뺨을 때린 적이 있었다. 뒤에 황제 자리에 즉위한 선종이 뺨을 맞은 분풀이로 황벽 스님에게 행실이 거친 중이라는 뜻의 '추행사문麤行沙門'이란 법호를 주려고 하였다. 그러자 배휴가 간하기를 "폐하에게 황벽 선사가 세 번 때려준 것은 폐하의 삼제三際 곧 과거·현재·미래의 윤회를 끊어서 깨달음을 얻으라는 뜻이었습니다."라고 하자, '단제斷際 선사'라는 호를 내리게 되었다. 그의 저서로는 배휴가 어록을 한데 모은 「황벽산 단제선사 전심법요黃檗山斷際禪師傳心法要」가 있다. 임제종 창시자 임제 의현臨濟義玄(?-867)이 그의 법제자이다.

게송

기다란 주장자 맺힌 마디 없으므로
애틋하게 내어주네 밤길 가는 사람에게.

평하여 말하기를

옛날 마조 스님 '할' 한 마디에
백장은 '대기大機'를 얻었고
황벽은 '대용大用'을 얻었다.

'대기'란 어떤 근기이든 오롯하게 두루 맞이하는 것으로 뜻을 삼고 '대용'이란 헛소리를 바로 끊어버리는 것으로 뜻을 삼으니
그 사연들이 「전등록」에 실려 있다.

評曰

大凡 祖師宗途 有五하니

曰臨濟宗 曰曹洞宗 曰雲門宗 曰潙仰宗 曰法眼宗[1]이라.

臨濟宗[2] :

本師釋迦佛 至三十三世六組慧能大師下 直傳하니 曰南嶽懷讓

曰馬祖道一 曰百杖懷海 曰黃檗希運 曰臨濟義玄 曰興化存獎

曰南院道顒 曰風穴延沼 曰首山省念 曰汾陽善昭 曰慈明楚圓

曰楊岐方會 曰白雲守端 曰五祖法演 曰圓悟克勤

曰徑山宗杲禪師等이니라.

---

1. 달마 대사가 인도에서 중국으로 건너와 소림사에서 '면벽구년面壁九年'을 하고 난 뒤에 성립된 선종은 2조 혜가慧可, 3조 승찬僧粲을 거쳐 4조 도신道信 스님으로 이어진다. 도신의 제자인 법융法融 스님이 공空의 원리를 깨달아 우두산牛頭山에서 선법을 선양하여 우두종牛頭宗이 생겼다. 그리고 5조 홍인 대사의 문하에서 북종과 남종으로 갈라져 신수 계통은 북종선이 되고 6조 혜능의 계통은 남종선이 되었다. 남종선南宗禪에서 다시 다섯 종파로 갈리게 되니 임제·위앙·조동·운문·법안종이 생기게 된다.
2. 중국의 임제종은 물론 우리나라 선종에서도 임제종을 선법의 정통으로 간주해 왔다. 그러나 중국에서는 6조 혜능 대사 이후에도 그의 제자들 가운데 일부가 하택파와 청원파로 나뉘어 서로 정통이라고 주장하는 시비가 있기도 했다. 그러나 우리나라에서는 고려 시대 보조 스님이나 보우 스님이 대혜 종고 스님의 화두법을 받아들여 '임제종풍'을 '조사선'의 최고봉으로 삼은 뒤 오늘날까지 임제종을 선법의 정통으로 고수해 오고 있다.

78-1장. 선종 각 종파의 법맥과 가풍

평하여 말하기를

조사 스님들의 종파에는 다섯 갈래가 있으니

임제종, 조동종, 운문종, 위앙종, 법안종이다.

(1) 다섯 종파의 법통

1) 임제종 법통

임제종은 석가모니 부처님께서 법을 전한 가섭부터 33대가 되는 육조 혜능 대사로 이어지는 법맥이니 그 법맥은 남악 회양南岳懷讓(677-744), 마조 도일馬祖道一(708-788), 백장 회해百丈懷海(749-814), 황벽 희운黃蘗希運(?-850), 임제 의현臨濟義玄(?~867), 홍화 존장興化存獎(?-925), 남원 도옹南院道顒(?-?), 풍혈 연소風穴延沼(896-973), 수산 성념首山省念(926-993), 분양 선소汾陽善昭(947-1024), 자명 초원慈明楚圓(987-1040), 양기 방회楊歧方會(992-1049), 백운 수단白雲守端(1025 1072), 오조 법언五祖法演(?-1104), 원오 극근圓悟克勤(1063-1135), 경산 종고徑山宗杲(1089-1163) 같은 선사들을 통하여 이어져 왔다.

曹洞宗 :

六祖下傍傳이니 曰靑原行思 曰石頭希遷 曰藥山惟儼 曰雲巖曇晟 曰洞山良价 曰曹山耽章 曰雲居道膺禪師 等이니라.

雲門宗 :

馬祖傍傳이니 曰天皇道悟 曰龍潭崇信 曰德山[1]宣鑑 曰雪峰義存 曰雲門文偃 曰雪竇重顯 曰天衣義懷禪師 等이니라.

---

1. **덕산德山** 덕산은 어려서 출가하여 경에 두루 밝았는데 특히 금강경에 능통하여 그의 성씨와 함께 '주금강周金剛'이라고 불리었다. 하루는 도반들에게 말하기를 "경에서 보살행을 오랫동안 실천해야 성불한다고 말했는데 요즘 남방 스님들은 '바로 마음을 가리켜 단숨에 성불케 한다'라고 하니, 이들의 잘못을 바로 잡겠소." 하고 길을 떠났다. 가다가 점심을 먹으려고 어떤 떡집에 들어가니 떡을 파는 노파가 "걸망에 든 것이 무엇입니까?" 묻기에, 덕산은 "금강경을 풀이한 책들입니다."라고 대답하였다. 노파가 다시 말하기를 "금강경에서 '지나간 마음도 찾아볼 수 없고 현재의 마음도 찾아볼 수 없으며 미래의 마음도 찾아볼 수 없다[過去心不可得 現在心不可得 未來心不可得].'라고 하였는데 스님께서는 어떤 마음으로 점심을 하시겠습니까?"라고 물었다. 그 말에 말문이 막힌 덕산에게 노파는 용담의 숭신 선사를 찾아가라고 하였다. 용담사를 찾아 간 그는 "용담龍潭의 소문을 들은 지 오래인데 와서 보니 용도 없고 연못도 안 보이는군." 하고 큰소리를 쳤다. 그때 숭신이 나오면서 "자네는 참으로 용담에 왔네."라고 말하자 덕산은 또 말문이 막히고 말았다. 그날 밤 늦도록 법담을 나누다가 객실로 가려 하니 바깥이 깜깜하였다. 이에 숭신이 초에 불을 붙여 내밀자 덕산이 받으려고 하니 숭신은 입으로 혹! 바람을 불어 촛불을 꺼버렸다. 그 순간에 홀연 크게 깨달음을 얻은 덕산이 숭신 선사에게 공손히 절을 올렸다. 숭신이 "자네는 무엇을 보았기에 절을 하는가?" 물으니, 덕산은 "앞으로는 제가 다시 천하 큰스님들의 말씀을 의심하지 않겠습니다."라고 하였다. 이튿날 덕산은 애지중지 메고 다니던 「금강경」을 풀이한 책들을 다 불살라 버렸으며 이후로 용담의 법을 잇는 법제자가 되었다. 당나라 무종 때 법난을 겪은 뒤로는 가는 곳마다 부처님을 모시는 불전佛殿을 없애고 설법하는 법당만 남겨두었던 덕산 스님은 학인에게 가르침을 줄 때 누구든지 보이기만 하면 주장자로 잘 때려주었으니 뒷날 이 가르침을 덕산의 '방'이라고 하였다.

2) 조동종 법통

조동종은 육조 스님 아래에서 갈라진 곁갈래이니 그 법맥은 청원 행사 靑原行思(?-740), 석두 희천石頭希遷(700-790), 약산 유엄藥山惟儼(751-834), 운암 담성雲巖曇晟(782-841), 동산 양개洞山良价(807-869), 조산 탐장曹山耽章(839-901), 운거 도응雲居道膺(?-902) 같은 선사들을 통하여 이어져 왔다.

3) 운문종 법통

운문종은 마조의 곁갈래이니 그 법맥은 천왕 도오天王道悟(748-807), 용담 숭신龍潭崇信(?-?), 덕산 선감德山宣鑑(780-865), 설봉 의존雪峯義存(822-908), 운문 문언雲門文偃(?-949), 설두 중현雪竇重顯(980-1052), 천의 양회天衣義懷(989-1060) 같은 선사들을 통하여 이어져 왔다.

潙仰宗:

百丈傍傳이니 曰潙山靈佑 曰仰山慧寂 曰香嚴智閑 曰南塔光湧 曰芭蕉慧淸 曰霍山景通 曰無着文喜禪師等이니라.

法眼宗:

雪峰의 傍傳이니 曰玄沙師備 曰地藏桂琛 曰法眼文益 曰天台德韶 曰永明延壽 曰龍濟紹修 曰南臺守安禪師等이니라.

4) 위앙종 법통

위앙종은 백장의 곁갈래이니 그 법맥은 위산 영우潙山靈祐(771-853), 앙산 혜적仰山慧寂(840-916), 향엄 지한香嚴智閑(818-914), 남탑 광용南塔光涌(?-?), 파초 혜청芭蕉慧淸(?-?), 곽산 경통霍山景通(?-?), 무착 문희無著文喜(820-899) 같은 선사들을 통하여 이어져 왔다.

5) 법안종 법통

법안종은 설봉의 곁갈래이니 그 법맥은 현사 사비玄沙師備(835-908), 지장 계침地藏桂琛(867-928), 법안 문익法眼文益(885-958), 천태 덕소天台德韶(891-972), 영명 연수永明延壽(904-975), 용제 소수龍濟紹修(?-?), 남대 수안南臺守安(?-?) 같은 선사들을 통하여 이어져 왔다.

臨濟[1]家風:

赤手單刀로 殺佛殺祖라.

辨古今於玄要하고 驗龍蛇於主賓이라.

操金剛寶劍으로 掃除竹木精靈하고

奮獅子全威로 震裂狐狸心膽이로다.

要識臨濟宗麼아

靑天轟霹靂이요

平地起波濤로다.

---

1. **임제臨濟**　임제는 어려서 출가하여 경전을 보다가 황벽 선사 밑에 가서 3년 동안 아무 것도 묻지 않고 열심히 정진하였다. 옆에서 이 모습을 지켜보던 목주 스님이 "너는 왜 황벽 선사에게 불법의 참뜻을 묻지 않느냐?"고 하자, 황벽을 찾아가 "불법의 참뜻이 무엇입니까?"라고 물었다. 황벽은 갑자기 주장자로 임제를 후려쳤다. 주장자를 맞고 내려온 임제는 간곡한 목주의 권유로 다시 한 번 황벽을 찾아 불법의 참뜻을 물었지만, 이번에도 다짜고짜 주장자로 호되게 임제를 내려칠 뿐이었다. 그래도 다시 가보라는 목주의 말에 그 다음날도 황벽을 찾아갔으나 또 주장자만 실컷 얻어맞고 말았다. 까닭도 모르고 매만 맞은 임제는 황벽과 인연이 없다고 생각하고 그곳을 떠나려고 하자, 황벽은 대우 스님을 찾아가라고 하였다. 대우는 자신을 찾아온 임제에게 "황벽 선사께서 요즘 무슨 법문을 하시던가?"라고 물었다. 임제는 세 번이나 주장자로 얻어맞은 사실을 말하고 자신에게 무슨 허물이 있기에 그처럼 때리는지 모르겠다고 하였다. 이때 대우가 "황벽 스님께서 자네를 위하여 그처럼 애를 썼는데도 그분의 잘못이라고 생각한단 말인가?"라고 하자, 이 말에 크게 깨친 임제는, "황벽의 불법이 별거 아니군." 하고 중얼거렸다. 대우가 "아까는 잘못이라 하더니 이제는 웬 큰소리인가?" 야단치니, 임제는 대우의 옆구리를 주먹으로 세 번이나 쥐어박았다. 그 뒤 임제는 황벽 스님에게 되돌아가 그의 법통을 잇고 가르침을 펴기 시작하면서 임제종의 종조가 된다. 임제는 학인들을 다룰 때 깨달음의 근본 자리를 알게 하고자 '할'이란 방편을 많이 사용한 것으로 유명하다. 제자가 스물둘이나 되었는데 그 가운데 신라의 지리산 화상도 포함되어 있었다. 그 밑으로 19세世 되는 평산처림平山處林에게 고려의 나옹 왕사가 법을 받고, 석옥청공石屋淸珙에게 태고 국사가 법을 받아 오니 그때부터 우리나라는 임제종 법맥이 큰 줄기를 이루게 되었다.

(2) 다섯 종파의 가풍
1) 임제종 가풍

임제종 가풍은
맨 손에 든 칼 한 자루로 부처도 죽이고 조사도 죽인다.

삼현과 삼요에서 옛날이나 지금이나 근본 뜻을 판단하고
'주인과 손님'의 관계에서 용인지 뱀인지를 알아낸다.

부처님 지혜를 상징하는 금강보검으로
썩은 나무에 붙어사는 허깨비들을 제거하고
위풍당당한 사자의 위엄으로
여우와 살쾡이의 심장과 쓸개를 남김없이 찢어발긴다.

임제종 가풍을 알고자 하느냐?

푸르른 하늘에 날벼락이 떨어지고
평평한 땅에서 큰 파도가 일도다.

曹洞家風:

權開五位하여
善接三根이라.

橫抽寶劍하여 斬諸見稠林하니
妙協弘通하여 截萬機穿鑿이로다.

威音那畔에 滿目煙光이요
空劫已前에 一壺風月이로다.

要識曹洞宗麼아.

佛祖未生空劫外
正偏不落有無機.

2) 조동종 가풍

조동종 가풍은
방편으로 오위五位를 열어
근기가 다른 사람들을 두루 잘 이끄는 것이라 할 수 있다.

지혜의 보검으로 잘못된 모든 견해를 자르니
묘하게 널리 잘 통하여 온갖 집착을 끊는다.

소리와 모습을 갖추기 전, 눈 가득히 빛이요
하늘과 땅이 생기기 전, 유리병 속의 바람과 달이다.

조동종 가풍을 알고자 하느냐?

부처와 조사 스님 나오기 전 아주 먼 옛날부터
맞다 틀리다로 유나 무의 틀에 떨어지지 않는다.

雲門家風:

劍鋒에 有路하고 鐵壁에 無門이라.

掀翻露布葛藤하고
剪却常情見解니라.

迅電에 不及思量이고
烈燄에 寧容湊泊이리오.

要識雲門宗麼아.

拄杖子 勃跳上天하니
盞子裡 諸佛說法이로다.

3) 운문종 가풍

운문종 가풍은
칼날 위에 길이 있고 꽉 막힌 철벽에 문이 없다.

드러난 많은 갈등을 단숨에 뒤집어 없애고
늘 일으키는 알음알이를 단숨에 잘라버린다.

번개처럼 빨라 미처 알아챌 수 없고
용광로처럼 뜨거워 어찌 머물 수 있겠는가?

운문종 가풍을 알고자 하느냐?

주장자가 하늘 높이 치솟아 오르니
술잔 속의 부처님이 설법을 하는구나.

潙仰家風 :

師資唱和하니
父子一家로다.

脇下書字로 頭角崢嶸하고
室中驗人에 獅子腰折이라.

離四句 絶百非하여 一搥粉碎하니
有兩口라도 無一舌이니라.

九曲珠通이로다.

要識潙仰宗麼아.

斷碑橫古路하니
鐵牛眠少室이로다.

(4) 위앙종 가풍

위앙종 가풍은
스승이 부르고 제자가 화답하니
아버지와 아들이 한 집에 사는 것과 같구나.

옆구리 글자로 높은 경계를 드러내고
공부를 점검함에 사자의 허리가 부러진다.

온갖 잘못된 견해를 한 번에 끊어 내니
입이 두 개가 있어도 말할 허가 없도다.

구슬 속 구불구불 아홉 구비에
실을 꿰도다.

위앙종 가풍을 알고자 하느냐?

부러진 비석이 옛 길에 쓰러져 있으니
무쇠 소가 작은 방에서 잠을 자는구나.

法眼家風:

言中有響하고
句裡藏鋒이라.

髑髏常干世界하고
鼻孔磨觸家風이라.

風柯月渚가
顯露眞心이요
翠竹黃花가
宣明妙法이로다.

要識法眼宗麼아.

風送斷雲歸嶺去하고
月和流水過橋來로다.

(5) 법안종 가풍

법안종 가풍은
말 속에 메아리가 있고
화두 속에 칼날을 숨기고 있다.

해골은 언제나 이 세계를 지배하고
콧구멍은 번갈아 가풍을 불어 낸다.

바람 부는 나뭇가지와 맑은 강물의 달이
투명하게 참마음을 드러내는 것이요
푸른 대 황금 꽃이
오묘한 법을 밝히고 있는 것이다.

법안종의 가풍을 알고자 하느냐?

바람 부니 흰 구름이 봉우리로 올라가고
시냇물이 달을 품고 다리 밑에 흘러간다.

78-2

評曰

別明 臨濟宗旨

大凡 一句中에 具三玄이고
一玄中에 具三要니라

一句는 無文綵印이고
三玄三要에 有文綵印이라.

權實이 玄이요
照用이 要이니라.

三句에서

第一句는 喪身失命이고
第二句는 未開口錯이며
第三句는 糞箕掃箒니라.

78-2장. 임제종의 종지를 밝히다

평하여 말하기를

따로 임제종의 종지를 밝힌다.

무릇 '일구一句' 가운데 3현이 갖추어져 있고
'일현一玄' 가운데 '3요'가 갖추어져 있다.

일구에는 말이나 글로 언급할 수 있는 여지가 없고
삼현과 삼요에는 말이나 글로 언급할 수 있는 여지가 있다.

방편과 실상으로 드러나는 것이 '현玄'이요
진리를 통찰하여 현실에 바로 쓰는 것이 '요要'이다.

'3구'에서

첫째 구는 사람의 목숨을 잃게 하는 것이고
둘째 구는 입을 열기도 전에 잘못된 것이며
셋째 구는 똥을 담는 삼태기와 마당 쓰는 빗자루이다.

三玄에서

體中玄은
三世一念等이요

句中玄은
徑截言句等이며

玄中玄은
良久棒喝等이니라.

三要에서

一要는 照卽大機이고
二要는 照卽大用이며
三要는 照用同時니라.

'3현'에서

첫째 '체중현體中玄'은
'과거, 현재, 미래가 다 한 생각에 들어있는 것들'이니
본바탕에서 깊은 도리를 나타내는 것이요

둘째 '구중현句中玄'은
'말길이나 뜻길이 다 끊어진 말 한마디 같은 것들'이니
이 한마디 가운데서 깊은 도리를 나타내는 것이며

셋째 '현중현玄中玄'은
말없이 한참 있는 '양구', 방망이질 '방', 고함치는 '할' 같은 것들이니
깊은 도리에서 깊은 도리를 드러내는 것이다.

'3요'에서

첫째 요체는 통찰하는 힘이 곧 오롯한 바탕이니 '대기'이고
둘째 요체는 통찰하는 힘이 현실에서 바로 쓰이니 '대용'이며
셋째 요체는 '대기'와 '대용'이 동시에 일어나는 것이다.

四料簡에서

奪人不奪境은
待下根하고
奪境不奪人은
待中根하며
人境俱奪은
待上根하고
人境俱不奪은
待出格人하니라.

四賓主에서

賓中賓은 學人無鼻孔일새
有問有答이니라.
賓中主는 學人有鼻孔일새
有主有法이니라.
主中賓은 師家無鼻孔일새
唯問在니라.
主中主는 師家有鼻孔일새
不妨奇特이니라.

상대방 근기를 네 부류로 헤아려 후학을 맞이하는 '4료간'에서

사람은 죽이나 경계를 죽이지 않는 '탈인불탈경奪人不奪境'은
낮은 근기를 상대하고
경계를 죽이나 사람을 죽이지 않는 '탈경불탈인奪境不奪人'은
중간 근기를 상대하며
사람과 경계를 다 죽이는 '인경구탈人境俱奪'은
높은 근기를 상대하고
사람과 경계를 다 살리는 '인경구불탈人境俱不奪'은
뛰어난 대장부를 상대한다.

선지식을 주인에, 학인을 손님에 비유해 나타내는 '4빈주'에서

손님 중의 손님 '빈중빈賓中賓'은 학인이 숨 쉴 구멍이 없으므로
학인의 물음이 있고 선지식의 대답이 있다.
손님 중의 주인 '빈중주賓中主'는 학인에게 숨 쉴 구멍이 있으므로
학인이 주인 노릇도 하고 선지식과 오고가는 법도 있게 된다.
주인 중의 손님 '주중빈主中賓'은 선지식에게 숨 쉴 구멍이 없으므로
학인의 물음만 있고 선지식의 적절한 답변이 없다.
주인 중의 주인 '주중주主中主'는 선지식에게 숨 쉴 구멍이 있으므로
아무 걸림 없이 뛰어난 주인 노릇을 하고 있다.

四照用에서

先照後用은
有人在요
先用後照는
有法在이니라.
照用同時는
驅耕奪食이라.
照用不同時
有問有答이니라.

四大式에서

正利는
少林面壁類이고
平常은
禾山打鼓類이며
本分은
山僧不會類이고
貢假는
達摩不識類이니라.

종사가 학인을 다루는 방편 '4조용'에서

먼저 학인의 역량을 알고 법을 쓰는 '선조후용先照後用'은
어떤 사람만 있을 뿐이요
먼저 법을 쓴 뒤 학인의 역량을 아는 '선용후조先用後照'는
어떤 법만 있을 뿐이다.
학인의 역량을 아는 동시 법을 쓰는 '조용동시照用同時'는
밭을 가는 농부의 소를 빼앗고 굶주린 사람의 밥을 빼앗는다.
학인의 역량을 아나 법을 동시에 쓰지 않는 '조용부동시照用不同時'는
학인의 질문에 따라 종사의 대답이 있게 된다.

깨달음을 얻게 하는 네 가지 방식 '4대식'에서

올바른 이익에서 깨달음을 주는 방식인 '정리正利'는
소림굴에서 달마가 벽을 마주하고 앉아 있는 것과 같은 것들이고
평상시 도리에서 깨달음을 주는 방식인 '평상平常'은
화산 스님이 북을 칠 줄 안다는 것과 같은 것들이며
본분에서 깨달음을 주는 방식인 '본분本分'은
산승은 알지 못한다는 것과 같은 것들이고
방편에서 깨달음을 주는 방식인 '공가貢假'는
달마가 알지 못한다는 것과 같은 것들이다.

四喝에서

金剛王寶劍은
一刀揮斷 一切情解이고

踞地獅子는
發言吐氣에 衆魔腦裂이며

探竿影草는
探其有無師承鼻孔이고

一喝不作一喝用은
具上三玄四賓主等이니라.

八棒에

觸令返玄
接掃從正
靠玄傷正
苦責罰棒이라.

'할'을 네 가지 쓰임새로 구분한 '4할'에서

금강왕 보검 '할'은
한칼에 온갖 알음알이를 끊는 '할'이고

웅크린 사자가 포효하는 '할'은
'할' 한 번에 모든 마귀의 머리가 터지는 '할'이며

장대로 더듬고 풀 더미 그림자로 기척을 살피는 '할'은
스승의 공부를 이을 수 있는지 없는지 살피는 '할'이고

한번 '할'에 모든 공부가 해결되는 '할'은
위에서 말한 '3현'과 '4빈주'와 같은 것을 다 갖춘 '할'이다.

종사들의 방망이질을 여덟 가지로 나눈 '8방'에

조사의 영을 내려 깊은 이치로 되돌아가게 하는 방망이질
헛된 생각을 닥치는 대로 없애 올바른 이치를 따르게 하는 방망이질
깊은 이치라도 내치고 올바른 이치라도 깎아내리는 방망이질
모질게 질책하여 벌로 내리는 방망이질

順宗旨賞棒이요

有虛實辨棒이고

盲架瞎棒이며

掃除凡聖正棒이니라.

此等法

非特臨濟宗風이라

上自諸佛

下至衆生

皆分上事니라.

若離此說法이면

皆是妄言이니라.

종시에 어긋남이 없어 상으로 주는 방망이질은 '상방賞棒'이요
헛된 것과 참된 것을 가려주는 방망이질은 '변방辨棒'이고
눈 먼 도리깨처럼 함부로 휘두르는 방망이질은 '할방瞎棒'이며
범부이든 성인이든 지견을 몽땅 없애는 방망이질은 '정방正棒'이다.

이와 같은 법들은
특별히 임제종의 가풍에만 있는 것이 아니라
위로는 모든 부처님으로부터
아래로는 모든 중생에 이르기까지
다 본분에 맞아떨어지는 일들이다.

따라서 여기서 말해 놓은 법을 벗어나게 되면
모두 거짓말이 된다.

79

臨濟喝 德山棒[1]은 皆徹證無生하여

透頂透底히 大機大用하며 自在無方이라.

全身出沒하고 全身擔荷하여도 退守文殊普賢大人境界니라.

然이나 據實而論하면 此二師 亦不免儱侗鬼子이니라.

註解

凛凛吹毛

不犯鋒鋩이로다.

頌

爍爍寒光珠媚水

寥寥雲散月行天.

---

1. **임제할덕산방**臨濟喝 德山棒 임제의 '할'과 덕산의 '방'은 생멸이 없고, 나고 죽음이 없으며, 시비 분별이 없는 본디 그 자리를 단숨에 깨우쳐 주기 위함이다. 모든 시비와 분별을 떨치고 단숨에 본지풍광의 도리를 사무쳐 깨우치게 하는 것을 생명으로 삼고 있기에, 여기에는 대기大機 대용大用으로 온갖 인연을 꿰뚫고 아우르면서 법을 쓰는 것이 거침없고 자유자재하여 일정한 법칙이 없다. 온몸으로 부처님의 법을 드러내기도 하고 없애기도 하면서 온몸으로 부처님의 세상을 책임지고 살아가게 하려는 것이다. 참다운 지혜를 드러내어 문수 보살처럼 살아가게 하고 끝이 없는 보살행을 구현하여 보현 보살의 삶을 살게 하려는 것이다. 이것이 대인大人의 경계이자 부처의 경계이다. 그렇더라도 사실대로 말하자면 임제와 덕산 또한 사람의 마음을 어지럽히는 도깨비가 됨을 면치 못할 것이다. 부처와 조사 스님들이 이 세상에 출현하는 것도 근본자리에서는 그 자체가 평지풍파를 일으키는 소식이다. 그러니 임제의 '할'이나 덕산의 '방'도 쓸데없는 짓거리로서 다 도깨비장난이 아니겠는가?

79장. 임제 '할'과 덕산 '방'

임제의 '할'과 덕산의 '방'은
모두 생멸이 없는 도리를 철저히 증득하여
생사의 맨 꼭대기에서 맨 밑바닥까지
온갖 인연을 꿰뚫고 아우르면서
법을 쓰는 것이 거침없고 자유자재하다.

온몸으로 부처님의 법을 드러내고 없애기도 하며
온몸으로 부처님의 세상을 책임지면서도
물러나 문수와 보현의 경계를 지켜내기도 한다.
그렇더라도 사실대로 말하자면
임제와 덕산 또한 사람의 마음을 어지럽히는 도깨비다.

주해
시퍼런 칼날
다치지 말라.

게송
반짝반짝 하얀 물결 옥구슬이 흘러가듯
구름 한 점 없는 하늘 흘러가는 저 달이여.

80

大丈夫라면 見佛見祖 如冤家[1]하라.

若着佛求이면
被佛縛이요

若着祖求이면
被祖縛이라.

有求이면 皆苦이니
不如無事니라.

註解

佛祖如冤者 結上無風起浪也요
有求皆苦者 結上當體便是也며

---

1. 「임제록」에서는 "부처를 만나면 부처도 죽이고 조사를 만나면 조사도 죽여라."고 한다. 이상향을 추구하는 대상으로서 '부처나 조사라는 경계'까지도 얽매이지 않고 뛰어넘을 수 있는 그런 근기야말로 참된 부처요 바른 안목이 열린 대장부이다. '눈 푸른 납자'는 어떤 인연을 따르더라도 그 속에서 무심하게 모든 일을 성취해 내는 아름다운 성자의 삶을 만들어 낸다.

80장. 부처나 조사도 원수처럼

대장부라면 부처나 조사를 원수처럼 보아야 한다.

부처의 경계에 집착하여 구하는 것이 있으면
부처의 경계에 얽매이는 것이요

조사의 경계에 집착하여 구하는 것이 있으면
조사의 경계에 얽매이는 것이다.

구하는 것이 있다면 모두 괴로움의 뿌리이니
아무런 애도 쓰지 않느니만 못하다.

주해

'부처나 조사도 원수처럼 보라는 것'은
2장에서 "바람 없는 큰 바다에 거친 풍파 일으킨 것"이라고 한 말을
매듭짓는 것이요

'구하는 것이 있으면 모두 괴로움'이라고 한 것은
4장에서 "그 밑바탕에서는 모든 것이 옳다."라고 한 말을 매듭짓는
것이며,

不如無事者 結上動念卽乖也라.

到此라야 坐斷天下人舌頭하고 生死迅輪 庶幾停息也니라.

扶危定亂이 如丹霞燒木佛[1]이고 雲門喫狗子[2]이며 老母不見佛[3]이라.
皆是摧邪顯正底手段이라 然이나 畢竟如何오.

頌

常憶江南三月裡

鷓鴣啼處百花香.

---

1. **단하소목불丹霞燒木佛** 단하천연丹霞天然(739-824) 선사가 길을 가다 날이 저물어 혜림사라는 절에 묵게 되었다. 추운 겨울이라 방에 불을 피우고자 하였으나 나무가 없었다. 마침 나무로 만든 불상이 있기에 도끼로 쪼개 불을 때버렸다. 뒤늦게 이 일을 안 절 원주가 노발대발하자 단하는 부지깽이로 불타버린 재를 뒤적이며 "부처님 사리를 찾아야겠구려." 하고 말하였다. "나무 불상에서 무슨 사리가 나온단 말이오?" 하니, "사리가 안 나올 바에야 그게 나무토막이지 무슨 부처님이겠소?"라고 말한 유명한 일화가 있다. 이것이 나무로 만든 부처를 불살라 버렸다는 '단하소목불丹霞燒木佛'인데 이 이야기는 「오등회원」 5권에 나온다.
2. **운문끽구자雲門喫狗子** 석가모니 부처님이 정반왕의 아들로 태어날 때 "하늘 위 하늘 아래에서 오직 나 홀로 존귀하다[天上天下唯我獨尊]."라고 말했다. 이 말에 대하여 많은 사람들이 여러 가지 해석을 하며 찬탄했는데 운문 선사는 이렇게 말하였다. "내가 당시에 그 자리에 있었다면 그 아기를 몽둥이로 때려잡아 개밥으로나 던져 주고 세상을 태평케 했겠다." 이 말을 전해들은 선지식들이 "아! 운문이야말로 나 홀로 존귀하다는 유아독존의 뜻을 잘 설명했구나. 과연 부처님의 제자답다."라고 칭찬하였다. 이것이 운문 스님이 부처를 때려잡아 개밥으로나 던져 주겠다고 하던 '운문끽구자'인데 이 이야기는 「선문염송」 1권에 나온다.
3. **노모불견불老母不見佛** 부처님이 사위성을 방문하셨을 때 사람들이 물밀듯이 몰려나왔으나 성 동쪽에 살고 있던 한 노파는 부처님을 보지 않으려고 문을 닫고 두 손으로 눈을 가렸다. 그러자 노파의 열 손가락 끝에서 부처님이 두렷이 나타났다고 한다. 이것이 문을 닫고 석가모니 부처님을 보지 않으려고 했다는 '노모불견불'인데 이 이야기는 「오등회원」 1권에 나온다. 노파의 손가락 끝에 나타난 부처님은 누구라도 저마다의 성품에 다 갖추어져 있는 '자성불自性佛'이니 참부처이다. 손가락 끝에서 부처님이 나타난 까닭은 노파가 모든 집착을 벗어나 노파의 눈에 보이는 모든 경계가 참부처 아닌 것이 없기 때문이다. 참부처가 아닌 형상으로 나타난 석가모니 몸에 집착하고 그가 한 말에 집착하여 참부처를 보고 찾으려 한다면 얼마나 어리석은 일인가?

'아무런 애도 쓰지 않느니만 못하다.'는 것은
"한 생각 움직이면 근본 뜻에 어긋난다."고 한 말을 매듭짓는 섯이다.

이 경계에 도달해야
앉아서도 천하 사람들의 혀끝을 다 끊고
생사의 빠른 수레바퀴를 멈출 수 있다.

위급한 순간에 어지러운 경계를 정리하는 것이
마치 단하 선사가 나무로 만든 부처를 태워 버린 것과 같고
운문이 부처를 때려잡아 개밥으로 던져 주겠다고 하는 것과 같으며
노파가 문을 닫고 부처님을 보지 않으려고 하는 것과 같다.

이 모든 것이 다 삿된 법을 꺾고 바른 법을 드러내는 수단이다.
그렇더라도 끝내는 어떻게 해야 하는가?

게송
언제나 저 강남 춘삼월이 그리우니
자고새 지저귀는 곳에 온갖 꽃향기.

81

神光¹不昧 萬古徽猷하니

入此門來 莫存知解하라.

註解

神光不昧者 結上昭昭靈靈也요 萬古徽猷者 結上本不生滅也며

莫存知解者 結上不可守名生解也². 라.

---

1. **신광神光** 번뇌가 모두 사라진 고요한 부처님 마음자리에서 일어나는 본지풍광이니, 이 빛은 신령한 빛으로서 어둡지 않은 밝은 광명이다. '만고萬古'는 만고천추萬古千秋를 말하니 신령스런 밝은 광명이 그 끝이 없이 아주 오랜 세월 영원토록 빛난다는 것이고, '휘유徽猷'는 신령스런 밝은 광명이 훌륭한 가르침이나 아름다운 도리로서 환하게 빛나고 있다는 것이다. 중생의 세계를 벗어나 이 문안에 들어가면 부처님 세상인데, 이곳은 중생들의 모든 알음알이가 사라지는 곳이다. 여기서 알음알이를 일으키면 다시 중생계로 돌아가기 때문에, 선사들은 여기에서 다시 중생들의 알음알이를 내지 말라고 한다.
2. 「선가귀감」 1장에서 "여기에 '그 무엇'이 있는데 본디 밝고 밝아 신령스러워서 일찍이 생겨난 적도 없고 없어진 적도 없었으니 이름 붙일 수도 없고 모양을 그릴 수도 없느니라[有一物於此 從本以來 昭昭靈靈 不曾生 不曾滅 名不得 狀不得]."고 하였다. 여기에서 '그 무엇'은 부처님의 세상을 말한다. 중생의 언어로써 무어라 말할 수 있는 마땅한 표현이 없기에 억지로 갖다 붙인 '그 무엇'이란 부처님의 세상은 어둡지 않아 밝고 밝아 신령스러우므로 '신령한 빛 밝은 광명'이라고 하니 '신광불매神光不昧'라고 한다. '신령한 빛 밝은 광명'은 본디 생겨난 적도 없었고 없어진 적도 없었으므로 그 모습 그 자체로 영원토록 빛이 나고 있는 아름다운 가르침이니 만고휘유萬古徽猷이다. 이 자리는 중생의 알음알이가 모두 끊어진 곳이다. 영원히 변치 않고 빛나는 '그 무엇'이 중생의 인연을 따라서 여러 가지 모습을 드러낼 수 있지만 그 모습에 붙인 이름이나 형상에 얽매여 알음알이를 내서는 안 된다. 그러므로 알음알이를 두지 말라고 한다. 「선가귀감」 4장에서 이것을 "온갖 이름을 억지로 갖다 붙여서 혹 마음이라 하고 혹 부처님이라 하며 혹 중생이라고 한다. 그러나 이름에 얽매여 알음알이를 내서는 안 된다. 그 밑바탕에서는 모든 것이 옳은 것이지만 여기서 한 생각 움직이면 근본 뜻에 어긋난다[强立種種名字 或心或佛或衆生 不可守名而生解 當體便是 動念卽乖]."라고 표현한다.

81장. 알음알이 두지 말라

신령한 빛 밝은 광명 영원토록 빛이 나니
이 문 안에 들어와서 알음알이 두지 말라.

주해

'신령한 빛 밝은 광명'은
1장에서 "밝고 밝아 신령스러워서"라고 한 말을 매듭짓는 것이요

'영원토록 빛이 나니'는
"본디 생겨난 적도 없었고 없어진 적도 없었으니"라고 한 말을 매듭짓는 것이며,

'알음알이 두지 말라'는
4장에서 "이름에 얽매여 알음알이를 내시는 안 된다."라고 한 말을 매듭짓는 것이다.

門은

有凡聖出入義이니

如荷澤所謂

知之一字 衆妙之門也니라.

吁 起於名狀不得하여

結於莫存知解하니

一篇葛藤을

一句都破也라.

然이나 始終一解하며

中擧萬行이

如世典之三義也라[其書始言一理 中散爲萬事 末復合爲一理].

'문門'이라

'범부와 성인이 드나든다고 하는 뜻'이 있으니

이는 하택 스님이 말하는 것과 같다.

"앎[知]이란 한 글자가 묘한 온갖 이치를 드러내는 문이다."

아! "이름도 없었고 모양도 없었느니라."고 하는 데서 시작하여

"알음알이를 두지 말라!"고 하는 것으로 끝을 맺었으니

중생에게 한데 얽혀 있는 모든 시비와 갈등을

한마디 말로 모조리 타파하여 버렸다.

그러나 처음과 끝에 '한 가지 앎'이라고 말하면서

그 가운데 '온갖 수행'을 들어 보이고 있는 것이

마치 세속의 고전 「중용中庸」이

'하나의 이치'에서 이야기를 시작하여

중간에서 '온갖 것들'을 이야기하다

마지막에 다시 '하나의 이치'로 돌아가는 것과 같다.

知解一字란

佛法之大害故로

特舉而終之라.

荷澤神會[1]禪師 不得爲曹溪嫡子

以此也라.

因而頌曰

如斯舉唱明宗旨하나

笑殺西來碧眼僧이로다.

然이나 畢竟如何오.

咄

孤輪獨照하여 江山靜인데

自笑一聲에 天地驚이로다.

---

1. 「선가귀감」을 저술하고 있으면서도 서산 스님은 알음알이를 두지 말라고 한다. 이는 하택 신회荷澤神會가 "앎[知]이란 한 글자가 묘한 온갖 이치를 드러내는 문이다[知之一字 衆妙之門]."라고 하였지만 황룡 사심黃龍死心은 "앎[知]이란 한 글자가 온갖 재앙을 불러오는 문이다[知之一字 衆禍之門]."라고 말하는 것과 같다. 이것은 우리의 '앎'이 부처님 영역에 있을 때는 신령한 빛 밝은 광명으로서 온갖 신통 작용이 나오게 되나, 중생 영역에 있다면 아는 경계 하나하나가 모두 알음알이로서 번뇌덩어리라는 의미이다. 이 '앎'이 부처님 영역에 있으면 모든 중생을 살리는 활活이 되지만 아니라면 모든 중생을 죽이는 살殺이 된다. 육조 스님이 "나에게 '그 무엇'이 있는데 이름도 없고 모양도 없으니 그대들이 알 수 있겠느냐?"라고 물으니, "모든 부처님의 본원本源이요 신회의 불성佛性입니다."라고 알음알이로 대답하였던 하택 신회는 육조 스님의 법을 이어받지 못했다.

이런 '알음알이'란
올바른 불법을 깨치는 데 커다란 해악이 되므로
특별히 그 내용을 들어 이 책을 마무리하고 있다.

하택 스님이 조계의 맏아들이 되지 못한 것도
이 알음알이 때문이었다.

게송으로 말하겠다.

이처럼 온갖 예를 들어 종지를 밝혔으나
이는 눈 푸른 달마 스님을 조롱한 짓이로다.

그러나 끝내 어떻게 할 것이냐?

아!
휘영청 달이 밝아 강산이 고요한데
저절로 터지는 웃음소리! 천지가 놀라도다.

발문

「선가귀감」은 조계 노화상 퇴은 큰스님께서 지으신 글입니다.

아! 슬프게도 약 200년에 걸쳐 오늘에 이르기까지
부처님의 법이 나날이 쇠퇴하여
참선과 교학을 하는 무리들이 저마다 다른 소견을 내고 있습니다.

교학을 으뜸으로 삼는 사람들은
문자찌꺼기에 맛을 붙여 부질없이 바닷가의 모래알만 셀 뿐
대소승을 막론하고 모든 부처님의 가르침 속에
'바로 사람의 마음을 가리켜 스스로 깨쳐 들어가는 길'이
있는 줄 알지 못합니다.

참선을 으뜸으로 삼는 사람들은
'스스로 천진한 성품만 믿어 도를 닦아 깨칠 것이 없다' 하여
부처님 세상을 이해한 뒤에서야 비로소 발심하여
점차 온갖 행을 닦아 나가야 한다는 뜻을 알지 못합니다.
선과 교가 어지럽게 뒤섞여
모래와 금을 가리지 못하고 있다 하겠습니다.

이는 「원각경」에서
"중생은 본래 부처님이었다."고 말하는 것을 듣고는
본디 미혹이나 깨달음이란 없는 것이라고 여기어
인과를 부정하여 완전히 무시한다면 바로 삿된 소견을 갖게 되고
"오랫동안 닦아 무명을 끊어야 한다."고 말하는 것을 듣고는
참성품이 망념을 내는 것이라고 주장하여
영원한 참성품을 잃어버린다면
이 또한 삿된 소견을 갖게 되는 것과 같습니다.

아! 위태롭습니다.
부처님의 도가 바로 전해지지 못하는 것이
어찌 이다지도 심하단 말입니까?
부처님의 가르침이 이을락 말락 이어지니
마치 한 올의 머리카락으로 천 근의 무게를 달듯
그 명맥이 거의 땅에 떨어져 이어갈 길이 없습니다.

다행히 우리 노스님이 서산에서 10년 동안 바쁘게 공부하며
틈틈이 50여 권의 경전과 논서와 어록을 보시다가
짬짬이 요긴하고 간절한 말들이 있으면 기록해 놓으셨습니다.

그 시절 몇몇 제자들이 공부에 대해서 물으면
이 내용들을 가르치며 한결같이 양떼를 몰듯
넘치는 사람은 눌러주고 뒤떨어진 사람은 호되게 채찍질하여
깨달음의 문 안으로 들어가게 하셨습니다.

노스님의 가르침이 이처럼 간절하였지만
몇몇 둔하고 어리석은 사람들이
법문의 수준이 높고 어렵다고 까탈 부리는 것을 어찌하겠습니까?

노스님께서는 그 어리석음을 안타깝게 여겨
다시 각 구절마다 주해를 달아 차례차례 풀이해 놓으셨습니다.
많은 글들의 내용이 하나로 쭉 이어져 뜻이 잘 통하니
팔만대장경의 요점과 다섯 종파의 근원이
모조리 여기에 다 갖추어지게 되었습니다.

말씀마다 이치에 맞고 구절구절이 종지에 어긋남이 없어
이에 편협했던 사람은 원만해지고 막혔던 이는 시원스레 통하게 되니
참으로 이 글은 선과 교의 본보기라 할 만하고
부처님의 법을 알고 실천하는 좋은 보약이라 할 수 있겠습니다.

그러나 노스님께는 늘 이 공부에 대해서
한 말씀 반 구절이라도 마치 칼날 위를 걷듯
문자로 기록될까 염려하셨으니
어찌 이 글을 세상에 널리 알려
당신의 솜씨를 내보이고 싶어 했겠습니까?

보원普願 스님이 이 글을 정서하고 의천義天 스님이 교정을 하니
정원淨源, 태상太常, 법융法融 스님들이 머리 숙여 절을 하며
"전에 없던 훌륭한 글들이다."라고 찬탄하였습니다.

뜻을 같이 하는 몇몇 사람이 함께 수중에 있던 돈을 털어
목판을 새기고 이 글을 세상에 알려
큰스님께 받은 은혜를 갚기로 했습니다.

부처님이나 조사 스님의 가르침은 깊고 넓은 바다와도 같습니다.
그러나 누가 이 바다 속에 들어가
용의 구슬을 찾고 귀한 산호를 캐낼 수 있겠습니까?
바다에 들어가는 것이 육지처럼 자유롭지 않으니
물만 바라보고 탄식할 뿐입니다.

그렇다면 부처님의 가르침을 추려낸 공功으로
어리석은 사람들을 깨우쳐 준 노스님의 은혜야말로
산같이 높고 바다처럼 깊습니다.

설사 천 번 만 번 뼈와 살이 으스러지도록 이 목숨을 바친들
어찌 노스님의 은혜를 털끝만치라도 갚을 수 있겠습니까?

천리 밖에서 이 글을 보고 들어도
놀라지 않고 의심하지 않으면서 받들어 읽고 보배로 삼는다면
참으로 천 년 뒤에도 꺼지지 않는 밝은 등불이 될 것입니다.

만력기묘萬曆己卯 1579년 봄
조계종 유손遺孫 유정惟政 구결口訣에 절하고
삼가 발문을 쓰다.

跋文

右編乃曹溪老和尙 退隱師翁所著也라. 噫 二百年來 師法益喪하여 禪敎之徒 各生異見이라. 宗敎者 唯耽糟粕하여 徒自算沙일뿐 不知 五敎之上에 有直指人心 使自悟入之門이라. 宗禪者 自恃天眞 撥無修證이라하여 不知 頓悟後 始卽發心하여 修習萬行之意니라. 禪敎混濫하여 沙金罔分이라. 圓覺所謂 聞說本來成佛하고 謂本無迷悟하여 撥置因果則 便成邪見하고 又 聞修習無明하고 謂眞能生妄하여 失眞常性則 亦成邪見者 是也니라. 嗚呼殆哉라. 斯道之不傳 何若是甚也리오. 綿綿涓涓이 如一髮 引千鈞하듯 幾乎落地無從矣라. 賴我師翁 住西山一十年에 鞭牛有暇 覽五十本經論語錄이라사 間有日用中 參決要切之語句則 輒錄之라. 時與室中二三子 詢詢하면 然誨之 一如牧羊之法하듯 過者抑之 後者鞭之하여 驅 入於大覺之門이라. 老婆心得徹困 若是其切也니 奈二三子鈍根也 返以法門 之高峻爲病이리오. 師翁愍其迷蒙하여 各就語句下 入註而解之하여 編次而釋之 라. 鉤鎖連環하여 血脈相通하니 萬藏之要 五宗之源이 極備於此니라. 言言見諦하고 句句朝宗하여 向之偏者圓之하고 滯者通之하니 可謂 禪敎之龜鑑하고 解行之良 藥也라. 然이나 師翁은 常與論這般事에 雖一言半句라도 如弄劍刃上事하듯 恐上 紙墨이니 豈欲以此流通方外하여 誇衒己能也哉리오. 門人白雲禪師普願寫之하 고 門人碧泉禪德義天校之하니 門人大禪師淨源 門人大禪師太常 門人淸霞道 人法融等 稽首再拜曰 未曾有也라. 遂與同志六七人이 傾鉢囊中所儲 入梓流 通하여 以報師翁訓蒙之恩也라. 大幾龍藏 汪洋이어 渺若淵海이라. 雖言探龍珠采 珊瑚者 孰從而求之리오. 非入海如陸之手段이니 頗不免望涯之歎이니라. 然則 撮 要之功으로 發蒙之惠야말로 如山之高 若海之深이니라. 設若碎萬骨粉千命인들 如 何報得一毫哉이리오. 千里之外 有見之聞之해도 不驚不疑하고 敬之讀之하여 以爲 寶玩則 眞所謂千歲之下一子雲耳라.

時萬曆己卯 春
曹溪宗遺 四溟鍾峰 惟政은 拜手口訣하고 因爲謹跋하노라.

서산 대사 일대기

서산 대사(1520-1604)는 법명이 휴정休靜이고 호가 청허淸虛이다. 평안도 영변 묘향산에 많이 살았으므로 세상 사람들이 서산 대사라고 불렀다. 또 금강산 백화암에 기거한 인연으로 스스로 백화도인白華道人이라 불렀고, 선교양종판사禪敎兩宗判事의 자리를 사임한 뒤에는 퇴은退隱이라 하였다.

스님은 조선 중종 15년인 1520년 3월 26일 평안도 안주에서 태어났다. 일찍 부모님을 여의고 의지할 데 없는 스님의 총명함을 알아본 고을 사또가 서울로 데리고 가 성균관에 넣어 주었다. 그 때 나이 열두 살이었다.

15살 때 여행길 지리산에서 숭인崇仁 장로를 만나 불경을 배우고 영관 대사에게 삼 년간 참선 지도를 받았다. 그 뒤 삼 년 만에 깨친 바가 있어 게송을 지었다.

    忽聞杜宇啼窓外　소쩍새 소리 듣고 창밖을 내다보니
    滿眼春山是故鄕　눈 가득히 봄빛이라 온 산들이 고향동네.

그리고 그 이튿날 머리를 깎으면서 또 다시 게송을 지었다.

汲水歸來忽回首 물을 길어 돌아오다 뒤를 한번 돌아보니
青山無數白雲中 푸른 산이 첩첩산중 그 둘레에 흰구름들
寧作平生癡獃漢 차라리 한 평생을 바보천치 될지언정
不欲作鉛槧阿師 겉 문자에 속고 사는 그런 사람 안 되리라.

숭인 장로를 양육사養育師로 영관 대사를 법사로 삼으니 그 때 나이 스물한 살이었다. 8년 뒤 어느 날 도반을 찾아 남원을 지나가다 우연히 낮닭 우는 소리에 크게 깨치고 다음과 같이 게송을 지었다.

髮白心非白 머리는 백발 되도 마음은 그대로라
古人曾漏洩 이 내용을 옛 사람이 일찍이 일렀는데
今聞一鷄聲 지금 듣네, 이 자리에 닭 우는 울음소리!
丈夫能事畢 대장부가 해야 할 일 남김없이 마쳤노라.

忽得自家底 자신에게 본디 있던 깨달음을 얻고 나니
頭頭只此爾 눈에 보인 온갖 것들 다만 이뿐 달리 없고
千萬金寶藏 천만금의 가치 있는 보배로운 대장경도
元是一空紙 본시부터 알고 보면 글자 없는 텅 빈 종이.

그 뒤 서울로 올라와 승과僧科에 붙으면서 선교양종판사로 있다가 얼마 뒤에 사임하고 주장자에 몸을 맡겨 북으로 묘향산 남으로 두륜산 등 여러 산에서 머물다가 금강산으로 들어갔다. 이 때 여기서 유명한 삼몽시三夢詩와 향로봉시香爐峰詩를 지었다.

  主人夢說客 주인의 꿈을 객에게 말하고
  客夢說主人 객의 꿈을 주인에게 말하니
  今說二夢客 지금 두 가지 꿈을 말하는 저 나그네
  亦是夢中人 어즈버 그 또한 꿈속 사람이로다.

뒷날 모함을 받아 향로봉시가 임금을 모독하였다고 하여 문제가 되었지만, 대사의 인격과 성품이 도리어 임금을 감동시키고 이 일로 임금과의 교분이 두터워지게 되었다. 말썽이 되었던 향로봉시는 이러하다.

  萬國都城如蟻垤 온갖 나라 큰 도시들 작은 개미집과 같고
  千家豪傑若醯鷄 하늘 아래 영웅호걸 하루살이 초파리라
  一窓明月淸虛枕 달빛 밝은 창가에서 누워 맑은 하늘 보니
  無限松風韻不齊 솔바람 맑은 소리 온갖 풍류 끝이 없네.

임진왜란이 일어나자 스님은 일흔 셋의 늙은 몸으로 승병을 일으켰다. '팔도십육종도총섭'이란 직책으로 여러 곳에서 많은 공을 세웠다. 서울을 탈환하여 임금이 돌아오시게 한 뒤 스님은 제자 사명과 처영 두 사람을 천거하고 다시 산으로 돌아갔다. 금강산, 지리산, 묘향산 등 여러 산을 오가며 지냈는데 항상 따르는 제자들이 천명이나 되었고 그의 법을 이어받은 제자들도 70명이나 되었다.

1604년 선조 37년 1월 23일 아침 서산 대사는 목욕을 하고 옷을 갈아입은 뒤 향산 여러 암자를 마지막으로 돌아보신 뒤 원적암으로 돌아와 손을 씻고 위의를 갖추어 불전에 분향한 다음 스스로 붓을 들고 당신의 진영眞影에 이렇게 적었다.

　　八十年前渠是我　팔십 년 전 그대가 나이더니
　　八十年後我是渠　팔십 년 뒤 내가 그대로구나.

그런 뒤 조용히 열반에 드시기 전 결가부좌하고 다시 임종게臨終偈를 지었다.

  千計萬思量 이리저리 시비하던 온갖 생각들
  紅爐一點雪 붉은 화로에 떨어지는 눈송이 한 점이라
  泥牛水上行 진흙 소가 강물 위로 걸어가는데
  大地虛空裂 땅이 꺼지고 허공이 무너지도다.

서산 대사의 저술로는 「선가귀감」, 「선교석禪教釋」, 「선교결禪教訣」, 「운수단雲水壇」, 「청허당집淸虛堂集」 등이 있다.

찾아보기

가

가나제파 존자 194
가사 입은 도둑 193
가섭迦葉 26, 41
각심覺心 127
객진客塵번뇌 120
거예주去穢呪 213
거일구삼擧一具三 148
건혜乾慧 98
경구죄輕垢罪 198, 199
경덕전등록景德傳燈錄 64
경이지연經耳之緣 174
계戒 134
계율戒律 137
계정혜戒定慧삼학三學 148
공안公案 64, 66
과거현재인과경過去現在因果經 211
과철인원果徹因源 112
곽시쌍부槨示雙趺 36
교教 41
교教의 뜻 59
교문教門 34
교범발제 196
교법教法 41

교외별전教外別傳 36, 78
구불득고求不得苦 184
구설口舌 178
구자무불성狗子無佛性 66, 70
구중현句中玄 259
권교權教 112
규봉圭峰 스님 173, 176
금강金剛 174
금비金鎞 28
기신론起信論 68, 118

나

남악 나찬南嶽懶瓚 46
남악 회양南嶽懷讓 25, 236
납자衲子 190
내마內魔 86
노모불견불老母不見佛 272
노서입우각老鼠入牛角 74
능소能所 120, 150
능엄경楞嚴經 112, 160

다

다자탑전분반좌多子塔前分半座 34
단멸공斷滅空 230, 231
단하소목불丹霞燒木佛 272
단하 천연丹霞天然 272
달마 스님 54
대기大機 239
대론大論 180
대승大乘 120
대승교大乘敎 38
대용大用 239
대지론大智論 192
대혜大慧 스님 230
덕산德山 242
독거사禿居士 192
돈교頓敎 38
돈오돈수頓悟頓修 56
돈오頓悟 28, 111
동산洞山 스님 234
뜰 앞의 잣나무[庭前栢樹子] 55, 67

마

마魔 85
마군魔軍 85, 86
마등녀 161
마른 똥 막대기[乾屎橛] 67
마명馬鳴 173
마조馬祖 236
만고휘유萬古徽猷 274
말법末法 138
머리 깎은 거사 193
멸도滅度 130
명리납자名利衲子 190
몽산 덕이蒙山德異 68
묘수妙首 150
무기공無記空 230, 231
무념無念 149
무명無明 88
무상無常 184
무색계無色界 182
무생無生 122
무외시無畏施 152
문수文殊 132, 152
문수사리문경文殊舍利問經 211
미타참법彌陀懺法 169

바

박쥐중 193
조서승鳥鼠僧 192
방棒 268, 269
백운白雲 선사 227, 241
백장百丈 108, 237, 238
번뇌煩惱 120
번뇌마煩惱魔 86, 87
번뇌적煩惱賊 184
범망경梵網經 199
범부凡夫 220
법보시法布施 152
법안종法眼宗 245, 255
법장法藏 비구 169
법화경法華經 120, 151, 180
벙어리 염소 중 193
벽암록碧巖錄 102
변견邊見 116
변리辯利 178
변방辨棒 267
보리菩提 22
보살菩薩 130, 222, 223
보살본업경菩薩本業經 68
보살승菩薩乘 120

보수 선사寶壽禪師 44
보시布施 152
보적 선사寶積禪師 44
보현 보살普賢菩薩 132
본디 법으로서 성품[本法性] 51
본바탕 근원으로서 마음[本源心] 51
본분本分 26
본지풍광本地風光 230
부동不動 126, 127
분양 선사汾陽禪師 159
불립문자不立文字 36, 78
불변不變 28 56
불생不生 149
불유교경佛遺敎經 146, 158, 218
불자佛子 194
불장경佛藏經 192
불혜명佛慧命 182
빈중빈賓中賓 261
빈중주賓中主 261

사

사구死句 63
사대四大 90
4대식四大式 263

295

사마死魔 86
사마타관奢摩他觀 144
사무색계四無色界 182
사빈주四賓主 261
사선천四禪天 182
사익경思益經 129, 152
4조용四照用 263
사참事懺 216
4할四喝 265
살아 있는 말 61
살인도殺人刀 60
삼계三界 182
삼교성인三敎聖人 24
3구三句 257
삼마발제관三摩鉢提觀 144
삼업三業 138
3요 三要 257, 259
3현三玄 257
상방賞棒 267
상相 124
상승相勝 178
색계色界 182
색계십팔천色界十八天 182
색향色香 188
생사生死 84

생주이멸生住異滅 184
서암瑞巖 172
선나관禪那觀 144
선법禪法 41, 59
선禪 41
선요禪要 74
선용후조先用後照 263
선정禪定 137, 144
선조후용先照後用 263
선지禪旨 34
성문聲聞 223
성문승聲聞乘 120
성性 124
성주괴공成住壞空 184
세간법世間法 118
세수주洗手呪 213
세정주洗淨呪 213
세존世尊 34
소림문하少林門下 136
소승小乘 38, 120
소승교小乘敎 38
소욕少欲 218
수생지연受生之緣 142
수연隨緣 28, 29, 56
수증修證 132, 133

296

4료간四料簡　261
식정識情　74
신광불매神光不昧　274
신광神光　274
신수神秀　111
신주神呪　161
신해수증信解修證　52
신해信解　131, 132
신회神會　25
실상무상實相無相　36
십만팔천十萬八千　172
십이연기법十二緣起法　122

아

아난阿難　40, 95
아미타阿彌陀　169
아양승啞羊僧　192
아주鵶珠　140
앙산仰山　108, 109
애별리고愛別離苦　184
양질호피羊質虎皮　190
업業　88
업화가신業火加薪　186
업화業火　186

연각승緣覺乘　120
연기緣起　122
연좌宴坐　222
열반涅槃　120
열반경涅槃經　104, 109, 155
열반묘심涅槃妙心　36
염불念佛　165
염화미소拈花微笑　36
염화시중拈花示衆　36
영가永嘉 스님　69
영구세리營求世利　186
영명 연수永明延壽　175
영산회상거염화靈山會上擧拈花　36
영취산靈鷲山　36
예배禮拜　162, 163
오십오위五十五位　112
오온五蘊　86
오조 법연五祖法演　73
오조 홍인五祖弘忍　165
완공頑空　231
왕공노형枉功勞形　186
외마外魔　86
외전外典　180, 181
욕계欲界　182
용수龍樹　173

용장龍藏　55
운문雲門 스님　231, 272
운문끽구자雲門喫狗子　272
운문종雲門宗　243, 251
원각경圓覺經　102, 114
원각圓覺　114
원교圓敎　38
원증회고怨憎會苦　184
위산潙山　107, 108
위앙종潙仰宗　245, 253
유마維摩 거사　151
유마경維摩經　150
육신통六神通　136
육조六祖　25, 111, 167, 278
율장律藏　211
음마陰魔　86
음심淫心　142
이승二乘　120
이심전심以心傳心　34
이참理懺　216
인경구불탈人境俱不奪　261
인경구탈人境俱奪　261
인연법因緣法　122
인왕반야경仁王般若經　122
인욕忍辱　156

인지법행因地法行　102
인천교人天敎　36
인해과해因該果海　112
인행忍行　156
일념一念　122
일물一物　22
일미一味　54
일체유심조一切唯心造　48
임제臨濟　246
임제록臨濟錄　270
임제종臨濟宗　240, 241, 247

자

자비慈悲　157
자성自性　118
자수慈受 선사　200
장삼이사張三李四　202
재보시財布施　152
전등록傳燈錄　195
전습위인全習爲人　178
전제全提　234
점수漸修　28, 111
정명淨名　150
정방正棒　267

정법안장正法眼藏　36

정법正法　118

정신주淨身呪　213

정진精進　158

제호醍醐　104

조동종曹洞宗　243, 249

조사관祖師關　78

조용동시照用同時　263

조주趙州　55, 70

종사宗師　232

좌탈입망坐脫立亡　144

주력呪力　161

주주呪　160

주중빈主中賓　261

주중주主中主　261

죽어 있는 말　61

중도中道　128

중도실상中道實相　38

중생심衆生心　118

지론智論　196

지혜智慧　137

차

참괴慚愧　217

참된 열반　150

참현인參玄人　184

참회懺悔　217

천마天魔　86

체중현體中玄　259

초계草繫　140

추폐색향麤弊色香　188

출세간법出世間法　118

치문경훈緇門經訓　200

카·파

큰 열반　121

타금륜입설산唾金輪入雪山　190

타성일편打成一片　88

타파칠통打破漆桶　102

탈경불탈인奪境不奪人　261

탈인불탈경奪人不奪境　261

파병破病　234

팔만사천八萬四千　84

팔방八棒　265

팔풍八風　96

피안彼岸　166

299

하

하택 신회荷澤神會 278
한도인閑道人 46
할喝 237, 268, 269
할방瞎棒 267
해오점수解悟漸修 56
해탈解脫 149
행리行履 106
허공장경虛空藏經 27
허회자조虛懷自照 122
현중현 玄中玄 259
호법론護法論 176
화성변타和聲便打 236
화엄경華嚴經 38, 48, 142, 174
환구幻軀 174
활구活句 60, 63
활인검活人劍 60
황룡 사심黃龍死心 278
황벽黃壁 238

부처님 가르침을
공양한 사람들의 열 가지 이익

1. 과거에 지었던 온갖 죄업들이 사라지고 무거운 죄는 가벼워집니다.

2. 좋은 신들이 보호하여 온갖 질병들이 찾아들지 못하고 재앙이 일어나지 않으며 나쁜 일들이 생기지 않습니다.

3. 전생에 원수로 만났던 사람들이 이 법의 은혜를 받아 모두 해탈하기 때문에 이들로 인한 모든 괴로움을 영원히 면할 수 있습니다.

4. 무서운 귀신들이 침범하지 못하고 독사나 굶주린 호랑이들도 해악을 끼치지 못합니다.

5. 복잡한 삶 속에서 나쁜 일들이 사라지고 마음이 편안해집니다. 나쁜 꿈이 없고 얼굴에 광택이 나며 기력이 왕성하여 하는 일마다 좋은 일만 생깁니다.

6. 하는 일마다 사람들이 기뻐하니, 어디를 가더라도 많은 사람들이 언제나 마음 다해 아껴주고 공경하며 예배합니다.

7. 바라는 바가 없더라도 저절로 의식주가 풍족해지고 정이 화목하며 받는 복이 날로 늘어납니다.

8. 어리석은 사람은 지혜로워지고 병든 사람은 건강해지며 여자는 뒷날 남자의 몸을 받게 됩니다.

9. 나쁜 길에서 벗어나 영원히 좋은 길로만 가게 됩니다. 얼굴이 단정하고 성품이 뛰어나니 받는 복록이 수승합니다.

10. 모든 중생들의 좋은 복밭이 되니 헤아릴 수 없이 많은 수승한 과보를 받게 됩니다. 태어나는 곳마다 부처님을 뵙고 큰 지혜를 열어 빠르게 성불할 것입니다.

부처님의 가르침을 인연 있는 이들에게 공양한 사람은 이와 같은 수승한 공덕을 얻게 된다고 합니다.

이 일에 많은 분들이 함께 참여하여 부처님의 법이 온 세상에 가득 차는 날 이 세상은 참으로 맑고도 깨끗한 부처님의 극락정토가 실현될 것입니다.

이 일에 적극 뜻을 둔 불자님들
좋은 인연을 맺어 주시옵소서.

도서출판 법공양 두손모음
법공양 문의 : 02-764-0206, 011-442-5592

원순 스님

해인사 백련암에서 성철 스님을 은사로 모시고 출가.
해인사·송광사·봉암사 등 제방선원에서 정진.
『禪 스승의 편지』『신요』『한글원각경』『육조단경』『봉산법어』
『선가귀감』을 강설한『선수행의 길잡이』등 다수의 불서를 펴냈으며
난해한 원효 스님의『대승기신론 소·별기』를
『큰 믿음을 일으키는 글』로 풀이하는 등
경전과 어록을 알기 쉽게 우리말로 옮긴 공로로
2003년도에는 행원문화상 역경부문을 수상하였다.
1996년부터 송광사 인월암에서 안거 중.
현재 조계종 기본선원에서 어록을 강의하는
교선사教禪師이며 조계종 교재편찬위원을 역임하였다.

선가귀감

초판 발행 | 2007년 9월 15일
초판 6쇄 | 2021년 12월 30일
펴낸이 | 열린마음
저자 | 원순

펴낸곳 | 도서출판 법공양
등록 | 1999년 2월 2일·제1-a2441
주소 | 110-170 서울시 종로구 수송동
　　　두산위브파빌리온 836호
전화 | 02-734-9428
팩스 | 02-6008-7024
이메일 | dharmabooks@chol.com

ⓒ 원순, 2021
ISBN 978-89-89602-37-8

값 15,000원

부처님의 가르침을 올바르게 드러내는_도서출판 법공양